수학아 수학아 나 좀 도와 줘

수학아 수학아 나 좀 도와줘 1

펴낸날 2019년 12월 4일 개정판 1쇄
펴낸이 강진균
글 조성실 **그림** 이지현
편집·디자인 편집부
마케팅 변상섭
제작 강현배
펴낸곳 삼성당

주소 서울시 강남구 선릉로 747 삼성당빌딩 9층
전화 (02) 3443-2681~2 **팩스** (02) 3443-2683
출판등록 1968년 10월 1일 제2-187호

ⓒ 조성실 2019
• 저자와의 협약에 의해 인지는 생략합니다. • 파본은 바꾸어 드립니다.

ISBN 89-14-02017-8 (73810)
이 도서의 국립중앙도서관 출판예정도서목록(CIP)은 서지정보유통시스템 홈페이지(http://seoji.nl.go.kr)와 국가자료종합목록구축시스템(http:// kolis-net.nl.go.kr)에서 이용하실 수 있습니다.
(CIP제어번호: CIP2019047338)

수학아 수학아 나 좀 도와 줘 ①

글 조성실 그림 이지현

삼성당

어린이 여러분 안녕하세요?

저는 〈수학아 수학아 나 좀 도와 줘〉를 쓴 조성실 선생님이에요. 초등 학교에서 23년 동안 아이들을 가르치고 있지요. 선생님은 아이들과 함께 생활하고 공부하면서 참 행복하답니다. 특히 체육 시간에 아이들과 놀이를 할 때나, 수학 놀이를 하면서 공부하는 시간에는 더 신이 납니다.

여러분은 수학을 좋아하나요?
'에이, 문제만 지겹게 풀어야 해. 머리가 아파.' 하면서 수학 공부가 지겹다는 생각을 갖고 있는 어린이도 있을까요?
혹시 수학을 지겹고 재미없는 공부라고 생각하는 어린이가 있다면, 선생님은 여러분에게 아람이를 소개해 주고 싶어요.
아람이는 맞벌이를 하시는 엄마와 아빠와 함께 살고 있어요. 부모님이 일찍 나가시면 혼자서 텔레비전을 보거나 컴퓨터 게임을 하느라 학교에 지각도 자주 하지요. 그런 아람이에게는 여러 친구가 있어요. 특히 햄스터는 아람이의 가장 친한 친구랍니다. 학교에서 친구들 신발을 섞어 놓으며 말썽을 부리고, 실수를 하기도 하고, 거짓말을 하기도 해서 혼날 때면

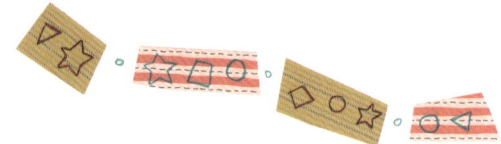

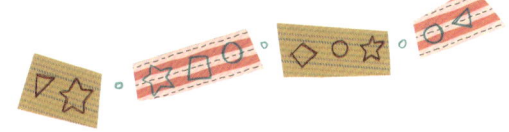

친구 햄스터는 아람이를 많이 위로해 주지요.

그런데 웬일일까요? 아람이가 하는 실수 속에는 수학 공부가 숨어 있네요. 아람이 부모님, 선생님, 햄스터는 아람이에게 실수 속에 수학이 있다는 것을 알려 주지요. 수학은 우리 생활 속 어디에나 있기 때문이에요.

선생님은 여러분이 이 책 속의 아람이를 좋아했으면 좋겠어요. 아람이처럼 실수도 하지만, 동물도 사랑하고 새로 태어날 동생도 사랑하고, 많이 놀면서 호기심을 키우는 아이들이 되었으면 좋겠어요. 그리고 수학이 꽤 재미있는 이야기 공부라는 것도 느꼈으면 좋겠고요.

어린이 여러분,
아람이와 행복한 수학 이야기 속으로 들어가 볼까요?

왁자지껄 낄낄낄 시끄러운 교실 속에서
조성실

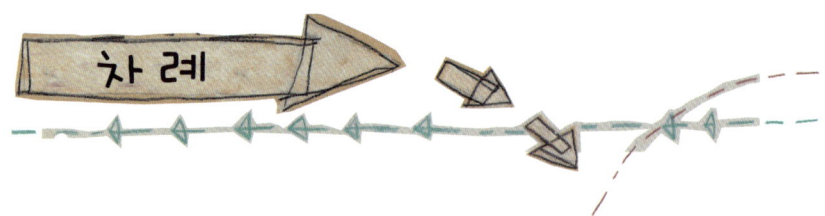

차례

3월  선생님이 좋아요 _ 8

4월  친구들아 미안해 _ 20

5월  구슬치기는 재미있어 _ 34

6월  망했다, 망했어 _ 48

7월  잘난 척하지 마! _ 64

8월  여름에 즐기는 수학 놀이 _ 76

9월  동전 3개가 1000원이라면? _ 88

10월  우리 반 교실 문을 내가 열었다 _ 100

11월  심심해, 심심해, 심심해 _ 112

12월   나도 슈퍼 주인! _ 128

1월  사랑한다, 아람아 _ 140

2월  겨울에 즐기는 수학 놀이 _ 152

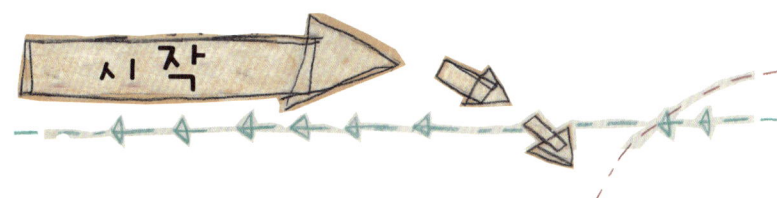

3월 선생님이 좋아요

수와 연산 영역의 수 세기와 수의 발견

아주아주 옛날, 원시인들은 처음에 물건의 수를 어떻게 세었을까요?
지금 우리가 수를 세는 방법과 많이 다를까요?

선생님이 좋아요

학교에 갔더니 교실에 친구들이 한 명도 없었다.
교실에 있다가 심심해서 4층까지 올라갔다.
계단 창문에서 운동장을 내려다 보니,
형, 누나들이 엄청 많았다. 몇 명인지
세다가 선생님한테 걸렸다. 선생님이 교실에 가서
이야기를 하자고 했다. 혼나는 줄 알고
겁이 났다. 그런데 선생님은 혼내지도 않고
원시인이 수 세는 이야기를 해 주셨다. 수를 못 세는
원시인도 양을 잃어버리지 않는다고 했다.
돌멩이를 이용하면 된다. 수 세기는 정말 재미있다.
선생님이 더 재미있다.

"**우와!** 많다, 정말 많다. 백 명도 넘을 거야. 오백 명일까? 만 명일지도 몰라."

4층으로 올라가는 계단 창문으로 운동장을 내다보던 아람이 눈이 휘둥그레졌습니다. 운동장에는 2학년부터 6학년 학생들이 모두 나와 서 있습니다. 운동장이 꽉 차 보입니다. 호루라기 소리가 삑삑거리고, '차렷!'을 외치는 선생님 목소리도 들립니다.

"세어 봐야지."

아람이는 창문 밖으로 몸을 반쯤 내밀고 목을 길게 뻗어, 누나와 형들 수를 세기 시작합니다.

"하나, 둘, 셋, 넷, 다섯, 여섯, 일곱, 여덟, 아홉, 열, 열하나, 열둘, 열셋, 열넷, 열다섯, 열여섯, 열일곱, 열여덟, 열아홉, … 서른하나, 서른둘, 서른셋, … 여든둘, 여든셋, ……. 에이, 헷갈리네. 안 되겠다. 이번에는 다른 방법으로 다시 세야지."

"1, 2, 3, 4, 5, 6, 7, 8, 9, 10, 11, 12, 13, 14, 15, … 103,

104……. 응? 또 헷갈리잖아? 안 되겠다. 한 줄씩 나누어서 세어 봐야지."

아람이는 숫자를 세다가 헷갈리고 세다가 틀려서, 계속 다시 셉니다. 지치지도 않는지 계속 셉니다.

"얘! 꼬마야, 떨어질라. 들어가라."

그 때 선생님 한 분이 운동장에서 아람이를 향해 소리칩니다. 하지만 아람이는 듣지 못합니다. 한 명, 두 명, 세 명, 네 명, …. 아이들 수를 세는 데 열중하고 있으니까요.

잠시 후 어느 틈에 오셨는지 선생님이 아람이의 허리를 잡고 끌어 내렸습니다.

"아이고, 너 떨어질까 봐 내 간 다 떨어지는 줄 알았다. 녀석아, 너 몇 학년이냐?"

"네? 누구세요?"

"요런 엉뚱한 놈을 봤나. 그래, 저는 선생님입니다, 이놈아."

선생님은 아람이를 끌어내리고는 찬찬히 살펴봅니다.

"아니? 우리 반이네. 아람이잖아. 강아람! 웬일이냐? 이렇게 일찍? 우선 교실에 가 있거라. 선생님과 이야기 좀 하자."

잠시 후 교실에 오신 선생님은 엄마 아빠가 일찍 출근하고 집에 혼자 남아 있던 아람이가 일찍 학교에 오게 된 사정을 알게 되었습니다.

아람이는 무턱대고 화를 내지 않고 다정하게 이야기를 들어 주는 선생님이 좋아졌습니다. 개학식 날 처음 볼 때는 엄하시고 무섭게만 보였는데…….

"그래, 너 아까 아이들 수를 얼마까지 셌니?"

"모르겠어요. 백이 넘어가면 셀 때 헷갈려요."

"그래? 수를 세는 게 헷갈린단 말이지? 그러면 선생님이 수를

세지 못해도 헷갈리지 않는 원시인 이야기를 해 줄 게 들어보렴. 옛날옛날 아주 오랜 옛날, 원시인이 살았단다. 원시인은 양을 키우고 있었지. 원시인은 수를 셀 줄 몰랐어. 오늘 아람이는 백을 넘어가면 하나씩 세기가 힘들었지? 그런데 원시인은 두 개까지밖에 셀 줄 몰랐어. 그래서 양을 셀 때도 '하나 둘, 와… 많다.' 사람을 세거나 나무를 셀 때도 '하나 둘, 와… 많다.' 그렇게 세었지. 그런데 수를 세지 못하는 원시인이 자기 집에서 키우는 양 한 마리가 없어지거나 어디서 더 들어오면 금방 알 수 있었대. 수를 세지 못하는 원시인이 어떻게 양이 없어지거나 남는 것을 알 수 있었을까?"

 아람이는 수를 세지 못하는 원시인에게 양이 없어졌다고 상상해 보았습니다. 도저히 그 많은 양들 가운데에서 양 한 마리가 없어진 것을 알 수 없을 것 같았습니다. 수를 세지 못하는 원시인이니까요.

그런데 갑자기 아람이 머릿속에 양의 수만큼 표시를 해 두면 되겠다는 생각이 들었습니다.

"아, 이렇게 하면 될 것 같아요. 양이 한 마리씩 들어가는 집을 만들어요. 그래서 집에 넣어서 집이 남으면 양이 모자른 거고, 집이 다 차면 양이 딱 맞는 거고, 양이 있는데 집이 없으면 양이 더 생긴 거예요."

"우와~ 놀랬는걸. 아람이 상상력 때문에 선생님이 이야기하기가 신이 나는데! 좋은 생각이긴 한데, 양의 수만큼 집을 만들려면 원시인들은 참 힘들겠다. 자, 원시인이 쓴 방법은 이런 방법이었대. 양이 자기 집으로 한 마리씩 들어갈 때마다 돌멩이를 하나씩 놓는 거지. 양 한 마리에 돌멩이 하나, 또 한 마리에 돌멩이 하나……. 그렇게 하다 보니까 자기 집 앞에는 돌멩이가 많이 쌓이겠지? 바로 돌멩이가 쌓인 크기가 자기가 가진 양의 수가 되는 거란다. 그러다가 저녁에 양 한 마리가 지나갈 때마다 돌멩이를 옮겨놓는 거지. 만약 돌멩이가 한 개 남았다면 어떻게 된 걸까? 양은 더 이상 없는데 말이야."
"양 한 마리가 없어진 거예요!"
"맞아! 그런데 아람아! 원시인 중에는 대장 원시인이 있었는데, 대장 원시인 집 앞에는 돌무더기가 또 하나 있었대. 무엇을 센 것일까?"

"음… 화살이요."

"우와~ 여러 가지로 선생님이 아람이한테 놀라는걸. 그래, 아람이 말대로 화살을 세기도 했을지 모르겠구나. 하지만 원시인 대장 집 앞에 있는 돌무더기는 부락 사람들의 수를 나타냈다고 한단다."

"이야, 정말 재미있어요. 돌멩이가 많이 쌓여 있으면 사람이 많은 거겠네요?"

"그럼. 돌멩이가 많으면 사람 수가 많은 부락이겠지. 사냥도 잘 하고 먹을 것도 많은 부락이었을 거야. 하나 둘밖에 못 세던 때도 있었는데, 아람이는 벌써 이천 명이 넘는 아이들을 세려고 했으니 얼마나 수학을 잘 하는 거니?"

선생님의 칭찬에 아람이는 어깨를 으쓱거렸습니다.

"사람들은 시간이 지나면서 점점 수학을 발달시켜 왔단다. 그런데 수는 얼마까지 셀 수 있을까?"

"못 세요. 끝까지 못 세요. 세다가 죽을 거예요. 수는 끝이 없잖아요."

"어이구, 아람이가 수가 끝이 없다는 것도 생각해 내는구나. 사람들은 수를 셀 때 이름을 붙였단다. 하나, 둘, … 열, 백,

천, 만, 억, 조, 이렇게."
"그러면 지금까지 있는 수 중에서 제일 큰 수의 이름이 뭐예요?"
"그건, 무량대수라는 수인데 상상할 수 없을 만큼 큰 수라는 뜻이란다. 그런데 아람아, 백, 천 같은 수의 이름은 한자말이란다. 하지만 옛날에 우리 나라 사람들은 수 이름을 순우리말로 썼대."

"어떻게요? 십, 백, 천, 만 모두 우리말인 줄 알았는데……."
"그래. 그랬을 거야. 지금은 잘 쓰고 있지 않지만, 그 중에서 지금까지 남아 있는 몇 가지를 말해 줄게. '온몸이 아프다.' 라고 말할 때 '온'은 '백'의 우리말이란다. '천'은 '즈믄'이라고 했고, '만'은 '드먼'이라고 했지. 선생님은 이렇게 수 이름을 우리말로 썼다가 사라지게 된 것이 너무 안타까워. 우리말이나 우리 옛것을 계속 쓰면서 가지고 있는 것은 우리의 뿌리를 알고 있는 것이어서 꼭 필요한데 말이야."
아람이는 선생님의 말을 들으며 고개를 끄덕끄덕합니다.
"선생님, 그런데 우리 집에는 햄스터도 있어요."
"그래?"
그 때 반 친구들 몇 명이 교실로 들어오기 시작합니다.
"안녕하세요?"
"안녕하세요?"
"안녕? 그래, 어서 오너라."
선생님이 아이들에게 인사합니다.
"자, 아람이는 자리로 들어가거라. 그리고 아람아, 나중에 햄스터 꼭 보여 줘야 한다."

"네, 선생님!"

아람이는 싱글벙글 웃으며 자리에 앉습니다. 그러다가 뒤돌아서 친구들 자리를 세기 시작합니다. 옛날에 원시인들이 세었던 방법으로.

"친구 한 명, 돌멩이 하나. 또 친구 한 명, 돌멩이 하나. 어? 친구들이 이만큼이네."

아람이는 팔을 한아름 벌리며 웃습니다.

4월 친구들아 미안해

확률과 통계 영역의 분류 개념

친구들 운동화를 모두 모아서 같은 모양의 그림이 있는 것끼리 나누어 모아 보면 재미있겠지요? 끈으로 된 것과 찍찍이로 된 것으로 나누어 모아 볼 수도 있을 거예요. 또 어떻게 나누어 모아 볼 수 있을까요?

친구들아 미안해

( )

게임을 하다가 학교에 늦었다. 복도에서
심심해서 아이들 신발을 늘어놓고 놀았다.
신발을 넣는데 어디인지 몰라서 아무 데나 넣었다.
집에 갈 때 신발 찾느라 난리가 났다. 선생님한테
혼날 줄 알았는데 혼나지 않았다.
눈물이 찔끔 나오려고 했다.
집에 와서 엄마한테 혼났다. 밥도 굶었다.
햄스터가 신발을 많이 만들어 줬다.
색깔대로 모으고, 크기대로 모으고,
모양대로 신발을 모아 주었다. 재미있었다.
그런데 정말 꿈인지 진짜인지 헷갈린다.

아람이가 헉헉 숨을 헐떡이며 교문 안으로 뛰어들어갑니다. 쉬지 않고 뛰어서 현관 안으로 들어선 아람이는 단숨에 계단을 올라갑니다. 복도에 들어서자 아람이는 살금살금 걷습니다. 8반 교실이 조용합니다. 7반도 조용합니다. 6반을 지날 때는 식은땀이 납니다.

드디어 아람이는 5반 교실 앞까지 왔습니다. 그런데 아이들 소리는 들리지 않고 선생님 말씀만 작게 들립니다. 소리를 죽이며 신발장에서 실내화를 꺼내 신고 운동화를 넣었습니다. 교실 뒷문을 열고 들어가려다가 아람이는 멈칫거립니다. 선생님이 왜 지각했느냐고 물으실 게 분명하니까요.

아람이는 복도 벽에 등을 대고 섰습니다.

"에이, 게임을 조금만 하는 건데."

아람이는 아침에 게임을 하다가 정신이 팔려서 시간이 가는 줄을 몰랐습니다.

"엄마가 아시면 죽는데 어떻게 하지?"

그 때 갑자기 아람이 눈이 빛납니다. 아람이는 신발장 앞으로 갔습니다. 그러고는 신발장에 있는 친구들의 운동화를 하나씩 꺼내서 늘어놓습니다. 신발을 꺼내 늘어놓으니, 복도에 금방 신발 줄이 생깁니다. 아람이는 삐뚤빼뚤한 신발 줄을 똑바로 맞추어 놓고 다시 앞으로 가서 살펴보고 또 신발을 늘어놓습니다. 복도에 줄이 늘어서자 아람이는 색깔이 같은 신발끼리 모아서 줄을 만듭니다. 파란색 신발은 앞쪽에 놓고, 그 뒤에 빨간색 신발을 놓습니다. 그 뒤에 검은색, 초록색, 노란색 신발을 늘어놓습니다. 다시 줄을 맞추려고 교실 앞문 쪽으로 갔을 때, 갑자기 앞문이 열리면서 선생님이 나오십니다.

"아니? 아람아! 너 뭐 하니?"

"……."

"늦었구나. 친구들 신발은 모두 신발장에 넣어 두고 어서 들어오너라."

선생님은 아무 일도 아니라는 듯 아람이에게 교실로 들어오라고 하십니다. 아람이는 서둘러 파란색은 남자 칸에, 붉은색은 여자 칸에 집어 넣고 교실로 들어왔습니다.
　선생님은 아무 말씀도 안 하시고 수업을 계속 하십니다. 아람이는 금방 수업에 빠져들어 시간 가는 줄 몰랐습니다. 쉬는 시간에는 친구들과 신나게 놀았습니다.
　집에 가는 시각이 되었습니다.
　"자, 얘들아, 선생님과 인사하자. 아람이는 잠깐 남아 있거라."
　"선생님, 안녕히 계세요."
　아이들은 소리맞춰 인사하고 우르르 교실 밖으로 나갑니다. 선생님도 아이들 신발 신는 것을 도와 주려고 나가십니다.
　"선생님, 내 신발이 없어졌어요."
　"선생님, 이거 내 신발 아니에요."
　"선생님, 내 신발은 타이거예요."
　"선생님, 신발이 커요."
　"그래, 그래. 신발 큰 사람! 이리 오세요! 신발이 타이거인 사람! 이리 오세요! 그래, 그래. 넌 그냥 신고 집에 가라. 뭐? 신발이 새것인데 지금 헌 거라고? 알았다. 찾아줄게."

선생님은 땀을 뻘뻘 흘리며 아이들 신발을 찾아 주십니다. 아람이는 고개를 들지도 못 하고 멀찍이 서 있습니다. 금방이라도 선생님이 화를 내며 때릴 것만 같습니다. 아람이는 매를 맞는 것보다 선생님이 자기를 싫어하게 될까 봐 그것이 더 걱정입니다.

선생님이 아람이 곁으로 오셨습니다.

"아람아, 선생님은 아람이가 아픈 줄 알았다. 내일부터는 일찍 오너라. 알겠지?"

"네, 선생님!"

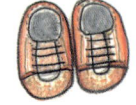

아람이는 눈물이 찔끔 나왔습니다.

집으로 오면서도 점심을 먹으면서도, 학원에 가면서도 놀이터에서 놀면서도 아람이는 아이들 신발이 바뀐 생각을 했습니다. 그리고 땀을 뻘뻘 흘리시던 선생님을 생각했습니다.

저녁에 엄마가 퇴근하셨습니다.

"아람이가 웬일이지? 집 안을 깔끔하게 정리하고?"

엄마는 기분이 매우 좋아보입니다. 다른 때보다 바쁘게 저녁을 준비하십니다.

아람이가 저녁을 먹으려고 막 식탁에 앉았을 때 전화벨이 울렸습니다.

"네네, 선생님이세요? 예? 아람이가 지각을 했어요? 제가 분명히 일찍 깨워 밥을 먹였는데……. 네? 친구들 신발을요? 이해해 주시니, 고맙습니다. 아니에요. 따끔하게 혼을 내야겠어요. 네, 다음에 뵙겠습니다. 고맙습니다. 안녕히 계세요."

아람이는 간이 콩알만해집니다.

"아람아! 왜 지각했어? 또 게임을 했지? 그리고 친구들 신발을 엉망으로 만들어 놓으면 어떻게 하니? 너 학교에서 그렇게 말썽을 부리라고 했니? 그래서 훌륭한 사람 될 수 있어? 네 방으로 가. 오늘 저녁은 혼자서 반성을 해라."

아람이는 제 방으로 왔습니다. 배에서 꼬르륵 소리가 났습니다. 식탁 위에 있던 맛있는 돈까스 생각에 침이 꼴깍 넘어갑니다. 문득 선생님이 야속해집니다. 아람이는 찍찍거리는 햄스터 소리에 귀를 기울입니다. 언제나 친구가 되어 주는 햄스터를 아람이는 좋아합니다.

"스터야, 너도 배고프지?"

아람이는 햄스터 집 앞에서 턱을 괴고 엎드려 이야기를 시작합니다.

"아니, 난 괜찮아!"

"엉, 너 스터? 어떻게 말을 하니, 어?"

아람이는 놀라 기절할 뻔합니다.

"야, 너는 동화책을 좋아하는 아이가 그것도 모르냐? 말하는 햄스터도 몰라? 네가 나를 친구로 대해 줬잖아. 그래서 나도 네 말을 알아듣게 된 거야."

"뭐? 그게 정말이야?"
"그나저나 너 오늘 친구들 신발 갖고 놀다가 혼났지?"
"아니야, 난 논 것 아니야. 그냥 나누어 본 거야. 그리고 선생님한테 하나도 혼나지 않았어."
"그래? 그래서 하고 싶은 대로 다 해 봤어?"
"아니, 선생님이 들어오라고 하셔서 그냥 들어갔어."

"그래? 그러면 네가 원하는 대로 해 줄게. 우선 신발을 만들어 줄게."

"정말? 와~!"

아람이의 방이 금세 친구들의 신발로 가득 찹니다. 아람이는 그 중에서 제일 큰 신발을 신어 보았습니다.

"이건 규서 신발일 거야. 우리 반에서 키가 제일 크니까."

"아람아, 이제 색깔별로 모아 줄게. 얍!"

붉은색, 분홍색, 파란색, 초록색, 검은색 신발이 색깔별로 움직이더니 나란히 줄을 섰습니다.

"와! 신기하다. 신난다. 야, 스터야, 너 대단하다. 그럼 이번에는 월드컵하고 타이거하고 핑크팬더하고 종류별로 모아 줘."

신발들은 움직여서 상표별로 모였습니다.

"이번에는 끈으로 된 것과 찍찍이로 된 것으로 모아 줘."

운동화들은 스윽슥 움직여서 끈으로 된 것과 찍찍이로 된 것끼리 모였습니다. 신발이 움직이다가 아람이 발에 걸리면 옆으로 비켜서 움직였습니다. 아람이는 신이 났습니다.

"바닥의 모양에 별이 있는 것과 동그라미, 세모가 있는 것끼리 모아 줘."

"끈을 넣는 구멍 수가 같은 것끼리 모아 줘."

"같은 그림끼리 모아 줘."

"같은 크기대로 모아 줘."

아람이의 주문대로 신발은 움직여서 모였다가 다시 흩어지고 또다시 모였습니다. 아람이는 배가 고픈 것도 잊고 신이 나서 신발 사이를 돌아다녔습니다.

"남자 아이들이 좋아하는 신발과 여자 아이들이 좋아하는 신발끼리 모아 줘."

"안 돼. 그건 못 해."

"왜?"

"좋아하는 것은 사람마다 다르기 때문에 정확히 나눌 수가 없

신발을 분류할 때는 누가 나누어도
나눈 것이 언제나 같게 나눌 수 있도록
기준이 정확히 있어야 하는 거야.

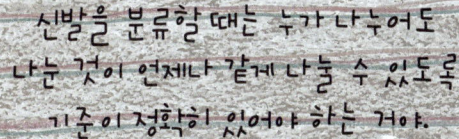

바닥에 그려진 모양대로

같은 색깔끼리

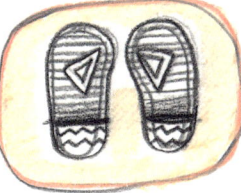

끈으로 된 것과 찍찍이로 된 것끼리

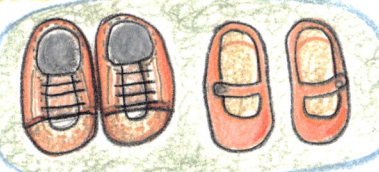

빨간색이고 끈이 있는 것과 그렇지 않은 것끼리

어. 빨간색 신발을 여자 아이가 좋아하기도 하지만, 남자 아이가 좋아하기도 해. 그래서 나눌 수가 없어."

"그러면 비싼 신발하고 싼 신발끼리 모아 줘."

"그것도 나눌 수 없어. 어떤 아이는 이만 원짜리 신발을 비싸다고 생각하지만, 싸다고 생각하는 아이도 있기 때문이야. 신발을 분류할 때는 누가 나누어도 언제나 나눈 것이 같게 나눌 수 있도록 기준이 정확히 있어야 하는 거야."

"그렇구나……."

"그러면 빨간색이고 끈이 있는 것과 그렇지 않은 것으로 모아 줘."

"그런 것은 문제없지."

신발이 이리저리 움직입니다. 신발이 움직일 때마다 바닥에서 자고 있는 아람이 입도 씰룩씰룩 움직입니다. 간혹 입을 벌리고 배시시 웃기도 합니다.

시계는 9시를 가리키고 있습니다. 햄스터들은 어두워지자 햄스터 집에서 활발하게 움직입니다. 찍찍 소리도 내며 이리저리 왔다갔다합니다.

그 때, 저벅저벅 아람이 엄마가 방으로 오십니다. 엄마는 아람

이가 정신없이 자고 있는 모습을 보시고 혀를 끌끌 차십니다. 침대 위에 아람이를 눕히며 엄마가 말씀하십니다.

"녀석, 벌 서라고 했더니 잠이 깊게 들었네. 잘 자거라. 내일은 말썽 부리지 말고."

5월 구슬치기는 재미있어

도형 영역의 입체도형과 평면도형

자동차 바퀴가 둥글둥글 단단한 공 모양으로 된 장난감이 있으면 재미있을 것 같아요. 이리저리 왔다갔다 춤추며 어디로 굴러갈까요?

구슬치기는 재미있어

( )

준수랑 5이동 앞에서 구슬치기했다.
삼각형, 원을 그린 다음, 안에 구슬을 넣고,
금에 서서 구슬을 던지면 된다.
구슬이 밖으로 나가면 갖는 거다.
난 삼각형에 구슬을 던질 때 더 잘 됐다.
준수는 원이 더 좋다고 한다. 구슬이 튕겨서
밖으로 나가면 가슴이 두근두근하고 신이 난다.
나중에는 사각형을 그려서 구슬치기도 했다. 준수는
형도 있고, 아빠가 구슬치기도 가르쳐 줘서 좋겠다.
구슬치기 또 하고 싶다. 일요일에 아빠한테
삼각형 그려서 구슬치기하자고 해야겠다.

아파트 단지 앞에서 아이들 떠드는 소리가 들립니다. 준수와 아람이가 구슬치기를 하고 있습니다. 바닥에는 삼각형, 원 모양이 여기저기 하얗게 얼룩덜룩 그려져 있습니다. 누가 이사를 왔는지 한쪽에서는 아저씨들이 고가사다리로 짐을 옮기고 있어서 아파트 주위는 어수선합니다.

아람이가 하얗게 그린 선 앞에 서서 세모 속에 있는 구슬뭉치를 향해 구슬을 굴립니다.

"와, 맞췄다!"

모여 있던 구슬은 아람이가 굴린 구슬을 맞고 사방으로 흩어집니다. 3개는 삼각형 밖으로 나가고 5개는 남아 있습니다. 아람이는 삼각형 밖으로 나간 구슬 3개를 집으면서 활짝 웃습니다.

"역시 난 삼각형이 좋아. 삼각형 속에 있는 구슬을 맞출 때가 가장 재미있어. 특히 뾰족한 곳에 구슬이 하나 남아 있을 때 맞추면 가슴이 막 떨려."

"난 아니야, 원 속에 있는 구슬을 맞추는 것이 더 좋아. 왠지 더 잘 맞출 수 있을 것 같아. 편안해."

둘은 이야기를 하며 계속 구슬치기를 합니다.

길을 가던 어른들과 중학생 형들이 흘낏 쳐다봅니다. 유치원 꼬마들과 지나가던 사람들도 잠시 멈추고는 준수와 아람이가 구슬치기하는 것을 구경합니다.

"구슬치기 정말 재미있다. 준수야, 니네 아빠는 참 좋다. 구슬치기도 가르쳐 주시고."

"어제 우리 아빠랑 구슬치기 많이 했어. 우리 아빠가 그러는데 우리 아빠도 어릴 때 삼각형이나 원을 그려놓고 구슬치기를 했대."

"그래? 그럼 우리 이번에는 사각형을 그려놓고 해 볼까? 어떻게 될지 궁금하잖아."

"그래, 좋아. 이제 내가 먼저 할 차례야. 아람이 네가 그려."

아람이는 바닥에 그려놓았던 삼각형을 발로 팍팍 문질러서 지우고 그 자리에 사각형을 그렸습니다.

"야, 그게 무슨 사각형이야? 찌그러졌잖아."

"아니야, 찌그러져도 사각형이야. 봐, 뾰족한 곳이 네 곳이잖아."

"알았어. 구슬 8개 빨리 갖다 놔."

준수는 구슬을 굴립니다. 또르르르……. 사각형 밖으로 구슬이 튕겨 나갑니다.

"와! 3개 땄다."

이제 아람이가 구슬을 굴립니다. 또르르르르 또르르르……. 구슬은 신나게 굴러갑니다. 그러더니 이삿짐을 옮기는 트럭 밑으로 굴러 들어갑니다.

"야, 어디로 갔어? 빨리 찾아."
"몰라, 트럭 밑으로 들어간 것 같아."
"뭐? 비켜 봐. 내가 찾을게."
아람이는 트럭 밑에 있는 바퀴 쪽으로 들어갑니다.
"보이니? 있어?"
"몰라, 없어."
아람이는 바퀴를 보면서 생각합니다.
'와~ 크다. 바퀴 정말 크다.'
큰 트럭의 바퀴는 두 개씩 이어서 달려 있어 모두 12개나 됩니다. 그래서 큰 트럭을 턱 버티고 서 있게 해 주는가 봅니다.

'어? 둥근 기둥 모양이니까 똑바로 갈 수 있겠구나! 만약에 이렇게 커다란 구슬로 된 바퀴라면 왔다갔다 난리나겠다.'

구슬을 찾던 아람이는 너무나 큰 바퀴에 정신이 팔렸습니다. 바퀴가 구슬처럼 동글동글 아무 데로 굴러가면 정말 큰일날 것 같았습니다. 거리는 온통 이리저리 왔다갔다 아무 데나 굴러다니는 차들 때문에 매우 위험해질 테니까요. 아람이는 큰 바퀴가 맘에 드는지 씩 웃어보입니다.

"꼬마야, 너 그 속에서 뭐 하는 거야? 빨리 나와!"

이삿짐을 나르던 젊은 아저씨가 소리를 지르며 달려오십니다.

아람이는 아저씨의 큰 손에 등덜미가 잡힌 채 끌려나옵니다.

"구슬이 바퀴 있는 데로 굴러갔단 말이에요."
"이놈아, 이렇게 위험한 데서 구슬치기를 하면 어떡해? 또 겁도 없이 트럭 밑으로 들어가고 말야. 저 놀이터에 가서 놀아."
아람이와 준수는 갑자기 구슬치기할 마음이 없어졌습니다.
그 때 준수가 새로운 생각을 해 냅니다.
"우리 오늘 학교에서 만들다 만 자동차 만들어볼까? 바퀴가 없어서 완성하지 못했잖아."
"바퀴? 그래! 준수야, 그럼 우리 구슬 깨서 바퀴 만들자."
"어떻게?"
"구슬을 반으로 자르면 원 모양이 나오잖아. 그 원에 본드를 바르면 잘 붙을 거야. 자동차에 구슬 바퀴를 달면 굉장히 멋있겠지?"

아람이의 제안에 준수가 눈을 반짝이며 호주머니에 있는 구슬을 모두 꺼냅니다. 아람이와 준수는 돌멩이로 구슬을 반으로 쪼개기 시작합니다.

"어? 또 안 됐어. 부서졌잖아. 에이, 안 되나 봐. 계속 부서지기만 하고,

동그랗고 평평한 원은 나오지 않아."

"우리, 위에서 떨어뜨려 보자. 그러면 반으로 쪼개질지도 몰라."

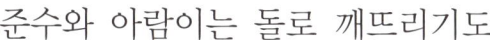

준수와 아람이는 돌로 깨뜨리기도 하고 떨어뜨려도 봅니다. 발로 밟아보기도 하고, 쇳덩이를 찾아서 두드리기도 하면서 애를 써 보지만, 번번이 구슬은 조각이 납니다. 부서진 구슬들은 땅바닥 여기저기에 흩어지더니 햇볕에 반짝입니다.

어느 새 그 많던 준수의 구슬이 다 없어졌습니다. 갑자기 준수 얼굴이 울상입니다.

"어떻게 하지? 이거 우리 형 구슬까지 모두 가져온 건데……."

준수가 형 이야기를 하자 아람이 얼굴이 금세 새파랗게 질려 버립니다.

"나… 먼저 집에 갈게……."

아람이는 쏜살같이 집으로 달려갑니다.

준수의 형인 준형이 형은 6학년입니다. 준형이 형은 아주 무섭습니다. 준수가 잘못했을 때 머리를 때리기도 하고, 발로 차기도 합니다.

아람이는 준형이 형이 준수를 때리듯이, 구슬을 모두 깨뜨렸다고 자기를 마구 때릴 것 같아 더럭 겁이 납니다.

그 때 전화벨 소리가 들렸습니다. 준형이 형입니다.

"아람이 너, 내 구슬 모두 깨버렸으니까 내일까지 구슬 사서 가져와. 알았지?"

"알았어, 형……."

아람이는 전화기를 내려놓으며 깊은 숨을 내쉽니다.

'휴~ 살았다.'

아람이는 엄마를 기다립니다. 시계를 계속 쳐다보지만, 오늘따라 엄마가 더 늦게 오시는 것 같습니다.

드디어 6시 30분. 엄마가 오셨습니다.

"엄마!"

"아이구, 우리 아람이가 오늘따라 웬일로 엄마를 이렇게 반갑게 맞으실까? 엄마 보고 싶었니?"

"엄마, 준비물 사야 해요. 내일 가져가야 하거든요. 500원 주세요."

"엄마 숨넘어가겠다. 준비물이 뭔데 그러니? 알림장 좀 보자, 응?"

"아니에요. 엄마는 모르셔도 돼요."

아람이는 엄마에게 500원을 받아서 쏜살같이 문방구로 뛰어갑니다. 구슬을 사서 준수네 집으로 갑니다.

"준형이 형, 구슬 가져왔어."

"알았어. 다음부터 조심해."

"응."

아람이는 다시 한숨을 쉬고 집으로 뛰어갑니다.

'나도 형이 있으면 좋을 텐데……. 준형이 형보다 더 큰 형이

면 좋을 텐데…….'

아람이는 엄마한테 빈손을 들킬까 봐 열쇠로 문을 열고 가만히 들어와서 제 방으로 들어갑니다. 책상에 앉아서 쓰기 숙제를 하면서도 마음이 조마조마합니다. 한참 숙제를 하는데 전화벨이 울리고 곧 엄마의 목소리가 들리기 시작합니다.

"네, 네……. 아이들끼리 그럴 수도 있지요. 그럼요. 고맙습니다. 네, 안녕히 계세요, 준수 어머니."

잠시 후 방문이 덜컥 열립니다.

"아람아, 언제 들어왔니? 준비물은 샀어?"

"아, 네. 샀어요."

"아람아, 엄마에게 솔직하게 이야기해야지. 거짓말을 하면 어떻게 해? 준수 엄마가 전화를 하셨어. 어떻게 된 일인지 자세히 말해 봐라."

아람이는 낮에 준수와 함께 삼각형, 원, 사각형을 그리면서 구슬치기한 일을 이야기했습니다. 구슬이 트럭 바퀴로 들어가 자신이 그 트럭 밑으로 기어들어갔고, 바퀴를 만들려다가 준형이 형 구슬을 모두 깨뜨린 일을 이야기했습니다. 무서운 준형이 형한테 혼날까 봐 겁이 나서 엄마한테 거짓말을 하고는 준형이 형에게 구슬을 사다 준 일까지 모두 말했습니다. 그러자 가슴이 후련했습니다.

"우리 아람이가 하루 종일 재미있게 놀았구나. 수학 공부까지 한 셈인걸. 그렇지만 다음에 또 거짓말을 하면 안 된다. 미리 솔직하게 말했으면 준형이도 자기 엄마에게 덜 혼났을 거야. 지금 준형이는 벌을 받고 있대. 아람아, 엄마는 언제나 아람이가 어려울 때 도와 줄 거야. 그러니 무슨 일이 있어도 엄마에게 솔직하게 말해야 한다. 알겠지? 이따 준형이 형한테 미안하다고 사과하자."

"네, 엄마……."

아람이는 갑자기 엄마에게 달려들어 엄마 목을 꼭 껴안았습니다.

"어이구, 엄마 목 졸린다.
어이구, 우리 새끼……."

엄마는 목이 졸린다고 하면서도 아람이 엉덩이를 계속 토닥이십니다.

6월 망했다, 망했어

규칙성과 함수 영역의 박수놀이

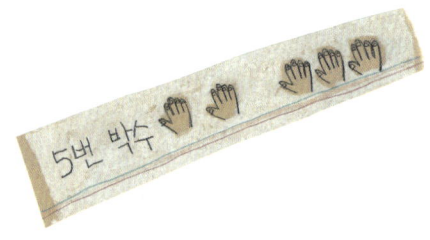

짝짝짝 짝짝짝 짝짝짝짝짝짝짝! 짝짝짝 짝짝짝 짝짝짝짝짝짝짝!
337 박수예요. 그냥 손뼉을 치는 것보다 훨씬 재미있어요. 왜 그럴까요?

망했다, 망했어

( )

수목원으로 소풍을 갔다.
나뭇잎이 엄청 많았다. 사람도 많았다.
줄을 서서 가다가 사람이 많아서 선생님을 잃어버렸다.
여기저기서 박수 소리가 나서 찾아갔더니 우리 반이 아니었다.
난 337박수는 우리 반만 치는 줄 알았다.
짝짝짝 짝짝짝 짝짝짝짝짝짝짝 짝짝짝 짝짝짝 짝짝짝짝짝짝짝.
내가 좋아하는 규칙 박수만 찾아갔더니 다른 반만
나왔다. 나중에 선생님하고 아이들이
나타나서 엄청 반가웠다.

일어나자마자 고소한 냄새가 집 안에 가득합니다. 아람이가 입맛을 다시며 엄마에게 다가갑니다.

"엄마, 안녕히 주무셨어요?"

"어이구, 우리 아람이가 소풍이 좋긴 좋은가 보구나. 이렇게 일찍 일어나다니."

"엄마, 소풍이 아니에요. 현장 체험 학습이에요."

"엄마는 소풍이라는 말이 더 좋아. 엄마도 어릴 적 소풍날이면 좋아서 잠도 못 잤는걸. 비가 올까 봐 걱정도 많이 했어. 수위 아저씨가 개교 기념일 날 큰 지렁이를 죽여서 소풍날이면 어김없이 비가 온다고 이야기하기도 했지. 엄마도 소풍가는 날을 손꼽아 기다리곤 했단다."

"헤헤. 나랑 똑같네."

오늘은 아람이가 현장 체험 학습을 가는 날입니다. 아람이는 다른 날보다 일찍 일어났습니다. 아람이는 엄마 뒤를 졸졸 따라

다니면서 엄마가 하시는 일을 참견합니다.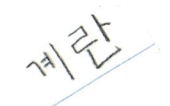

"와~ 드디어 김밥 싼다!"

아람이는 김밥을 싸는 엄마 옆에 앉습니다. 김을 펴고 밥을 깔아 그 위에 계란, 단무지, 당근, 햄, 우엉, 어묵, 시금치를 올리고는 도르르 말아서 칼로 스윽스윽 톡, 스윽스윽 톡 자릅니다. 다시 김을 펴고 밥을 깔아 그 위에 계란, 단무지, 당근, 햄, 우엉, 어묵, 시금치를 올리고는 도르르 말아서 칼로 스윽스윽 톡,

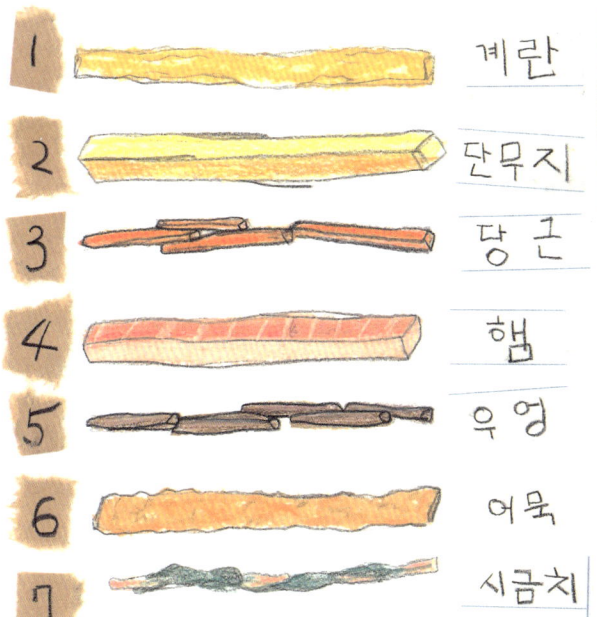

스윽스윽 톡. 엄마가 박자를 척척 맞춰가며 김밥을 쌉니다. 아람이는 오른손에 당근, 왼손에 단무지를 들고 엄마가 김을 펴고 밥을 깔고 계란을 놓으면 단무지, 당근 순으로 올려놓습니다.

"아니? 아람이가 김밥 싸는 것도 잘 아네. 순서까지 정해서 할 줄 알고."

"엄마가 놓는 것을 보았어요. 언제나 같은 순서로 놓는걸요. 김을 펴고 밥을 깔고 계란, 단무지, 당근, 햄, 우엉, 어묵, 시금치를 놓고 말은 다음 칼로 스윽스윽 톡하고 김밥을 자르는걸

김밥을 싸는 데도 규칙이 있는 줄 몰랐네!

요. 한 번도 틀리지 않아요."

"그래? 김밥 싸는 데도 규칙이 있는 줄 몰랐네."

"엄마, 왜 순서대로 속을 넣으세요?"

"아니야. 그냥 놓여 있는 순서대로 놓다 보니 규칙이 있는 것처럼 보였나 보구나. 덕분에 우리 아람이가 수학 공부를 잘 했는걸. 이제 그만 학교 갈 준비 해야지?"

아람이는 노래를 부르며 이를 닦고 세수하고, 밥은 먹지도 않습니다. 엄마는 어쩔 수 없이 아람이에게 김밥 몇 개를 먹이곤 배웅을 하십니다.

"엄마, 다녀오겠습니다."

"그래, 잘 놀고 오너라. 꽃 많이 보고 나무랑 이야기도 많이 하고 오너라."

교실에는 아이들이 많이 와 있습니다. 아람이가 껌을 질겅질겅 씹으며 준수에게 묻습니다.

"너 뭐 가져왔니?"

"나 젤리 가지고 왔다."

"하나만 줘라."

"싫어. 이따가 차에서 줄게."

"지금 줘."

"싫어."

갑자기 준수가 도망갑니다. 아람이는 준수를 잡으러 교실 앞뒤로 뛰어다닙니다. 아이들도 서로 잡고 뛰고 교실은 금세 뒤죽박죽이 되어 버립니다.

"선생님 오신다!"

아람이는 얼른 제자리에 와 앉습니다.

선생님은 아이들이 지켜야 할 몇 가지 주의 사항을 일러 주십니다.

교문 밖에는 벌써 아람이네가 타고 갈 버스가 와 있습니다. 아람이네 반 아이들은 시끌버끌 장난치고 떠들면서 버스에 올라탑니다.

"와~ 떠난다!"

버스가 수목원을 향해 출발하자 아이들이 함성을 지릅니다. 창밖으로 건물들이 스으스 으 지나가고 차들도 옆으로 지나갑니다. 큰 길을 한참 지난다 싶더니 어느 새 들판이 펼 쳐진 시골길로 들어섭니다. 아이들은 떠드느 라 창밖을 보지 못합니다.

337 박수 시작!

짝짝짝 짝짝짝 짝짝짝짝 짝짝짝짝!
짝짝짝 짝짝짝 짝짝짝짝 짝짝 짝짝!
짝짝짝 짝짝짝 짝짝짝짝 짝짝짝짝!

5번 박수 시작!

짝 짝 짝짝짝! 짝 짝 짝짝짝! 짝 짝 짝짝짝!

계단 박수 시작!

짝 짝짝 짝짝짝 짝짝짝짝 짝짝짝짝짝!
짝 짝짝 짝짝짝 짝짝짝짝 짝짝짝짝짝!
짝 짝짝 짝짝짝 짝짝짝짝 짝짝짝짝짝!

내려오는 계단 박수 시작!

짝짝짝짝짝 짝짝짝짝 짝짝짝 짝짝 짝!
짝짝짝짝짝 짝짝짝짝 짝짝짝 짝짝 짝!
짝짝짝짝짝 짝짝짝짝 짝짝짝 짝짝 짝!

얼굴 박수 시작!

눈눈짝짝 코코짝짝 입입짝짝 눈짝코짝입짝 눈코입 짝짝짝!

아람이는 박수놀이를 좋아합니다. 박수놀이는 규칙이 있어서 쉽고 재미있습니다. 규칙 없이 마음대로 친다면 박수놀이는 지루할 것 같습니다.

"다 왔다!"

아람이네 반 아이들이 박수놀이를 하며 떠들고 노래하는 사이, 어느덧 버스는 수목원 주차장으로 들어섰습니다. 버스에서 내려서 수목원 안으로 들어서자 넓은 수목원 안에는 많은 아이들이 와 있습니다.

"와~ 많다!"

"정말, 너무 많다. 저 꽃 좀 봐."

"아니, 꽃말고 나무말고, 아이들 말이야. 저기는 형들이고, 저기는 유치원 애들이야. 귀엽지?"

"응. 어? 새싹반이면 내가 다니던 유치원인데?"

"야, 새싹반이 다 니네 유치원이냐?"

"뭐? 그래 어쩔래?"

"아람이, 준수 빨리 따라오세요."

아이들은 선생님을 따라 나무가 쭉 뻗어 있는 길을 걷기 시작합니다.

"야! 크다."

아람이는 목을 뒤로 빼고 하늘을 찌를 듯한 커다란 나무를 쳐다보며 걷습니다. 나무에는 푸른 잎이 가득 달려 있습니다. 나뭇잎 사이로 조금씩 보이는 하늘에서 햇빛이 떨어져 눈이 부십니다.

아람이는 하늘을 쳐다보며 계속 걷습니다. 아람이 뒤로 줄줄이 아이들이 따라오고, 뒤이어 형들, 꼬마들, 유치원 아이들까지 길을 메우며 따라옵니다.

수목원 길은 아이들로 가득 찼습니다. 여기저기서 선생님 소리, 호각소리, 아이들 떠드는 소리로 넓은 수목원이 북적댑니다.

"어? 준수야!"

아람이가 나무를 쳐다보며 가다가 문득 주위를 둘러보았습니다. 준수가 없습니다. 준수뿐이 아닙니다. 철민이도 재현이도 성희, 지원이, 재영이도 모두 없습니다. 무엇보다 뒤를 돌아보며 아람이에게 빨리 오라고 재촉하시던 선생님도 보이지 않습니다.

아람이는 아이들 틈을 헤치며 빨리 걸었습니다. 사람이 많아서 빨리 걷기가 쉽지 않습니다. 갑자기 가슴이 콩닥콩닥 뛰면서 등에 땀이 나기 시작합니다.

"337 박수 시작!"

"짝짝짝 짝짝짝 짝짝짝짝 짝짝짝!
짝짝짝 짝짝짝 짝짝짝짝 짝짝짝!
짝짝짝 짝짝짝 짝짝짝짝 짝짝짝!"

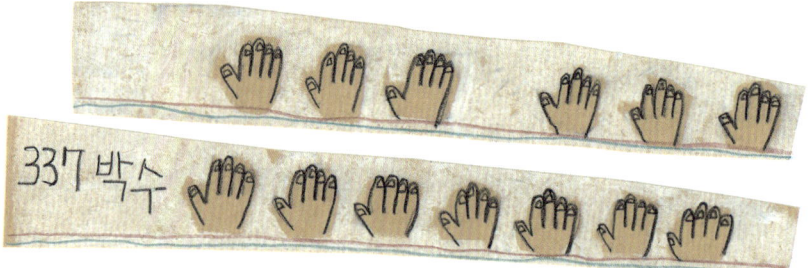

"어, 선생님이다!"

아람이는 아이들을 헤치며 박수 소리가 나는 곳으로 뛰어갑니다. 하지만 그것은 다른 학교 아이들이 걸어가며 박수놀이를 하는 것이었습니다.

"어? 아니네."

아람이는 길 옆에 활짝 핀 꽃들에게 눈 한번도 맞추지 못합니다. 그 때 어디선가 또다시 박수 소리가 납니다.

"5번 박수 시작!"

"짝 짝 짝짝짝! 짝 짝 짝짝짝! 짝 짝 짝짝짝!"

어, 우리 반이다!

5번 박수

"어, 우리 반이다!"

다시 아람이는 아이들을 헤치고 박수 소리가 나는 곳으로 뛰어갑니다.

"에이, 아니네. 이러다가 우리 반 잃어버리면 어떻게 하지?"

아람이는 걱정이 됩니다. 수목원은 넓은 곳이라서 한번 길을 잃어버리면 찾기가 어렵다고 선생님이 말씀하셨거든요. 아람이는 아이들과 선생님이 모여서 박수놀이를 하는 곳이면 달려가 봅니다. 그러나 아람이 반이 아닙니다. 아람이는 훌쩍훌쩍 눈물을 흘리며 울기 시작합니다.

"자, 여러분! 계단 박수 시작!"

"짝 짝짝 짝짝짝 짝짝짝짝 짝짝짝짝짝!
짝 짝짝 짝짝짝 짝짝짝짝 짝짝짝짝짝!
짝 짝짝 짝짝짝 짝짝짝짝 짝짝짝짝짝!"

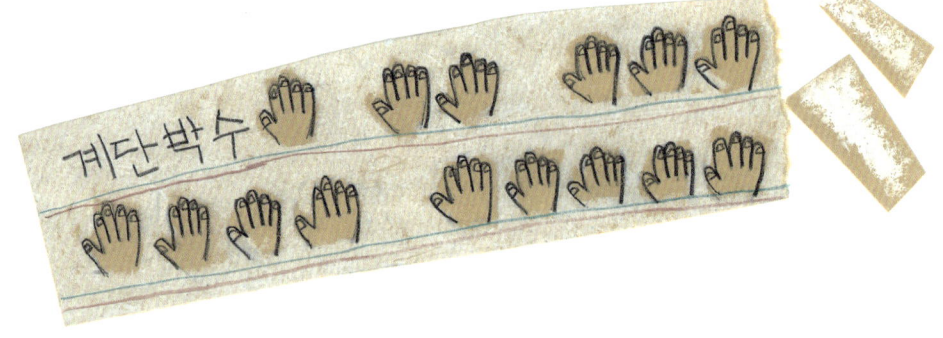

아람이는 다시 한 번 박수 소리가 나는 곳으로 뛰어갑니다. 그러나 거기도 아닙니다.

아람이는 수건돌리기를 하는 아이들을 바라보며 그 자리에 주저앉아 큰 소리로 울어버렸습니다. 아람이 얼굴은 눈물로 범벅이 되었습니다.

"선생님! 저기 어떤 아이가 울고 있어요!"

"그래? 너희끼리 수건돌리기 하고 있거라."

아람이는 코까지 질질 흘리며 훌쩍거립니다. 선생님이 다가오자 더 크게 웁니다.

"너, 몇 학년이니? 어느 학교야? 응? 반을 잃어버렸구나? 울지 마라, 찾아 줄게. 그러니까 선생님을 잘 보고 따라다녀야지."

머리가 긴 예쁜 선생님은 아람이를 데리고 방송실에 갑니다.

아람이는 방송실에서 얼룩덜룩 검은 얼굴로 선생님을 기다립니다. 얼마 후 선생님이 나타나자, 아람이는 선생님을 부르지도, 선생님 곁에 가지도 못 합니다. 선생님은 땀이 범벅이 되어 지친 얼굴로 숨을 헐떡이십니다.

"아람아, 가자! 아이들이 놀지도 못하고 널 기다리고 있어."

아람이는 선생님 손을 잡고 아이들이 있는 곳으로 갑니다. 저

멀리 반 아이들이 보입니다. 또렷이 보이지는 않아도 아람이는 앞에 보이는 아이가 준수인지, 명화인지 다 알 수 있습니다. 아이들은 이곳 저곳 뛰어다니며 소리를 지르고 있습니다.

'망했다, 망했어. 나무 땜에 망했어. 아니야. 규칙 있는 박수 땜에 망했어. 에이 씨, 다른 반도 우리 반처럼 박수놀이를 할 줄 누가 알았어? 아니야! 선생님 말씀 잘 안 들은 내가 잘못했어. 어휴, 난 오늘 정말 망했어.'

그 때 아람이를 발견한 친구들이 여기저기서 아람이를 부르며 뛰어옵니다.

"아람아! 아람아!"

마음이 쓸쓸했던 아람이는 아이들 부르는 소리에 자기도 모르게 선생님 손을 놓고 아이들에게 달려갑니다. 그러자 선생님이 소리를 지릅니다.

"얘, 얘, 아람아. 조심해라, 조심해. 넘어진다, 넘어져."

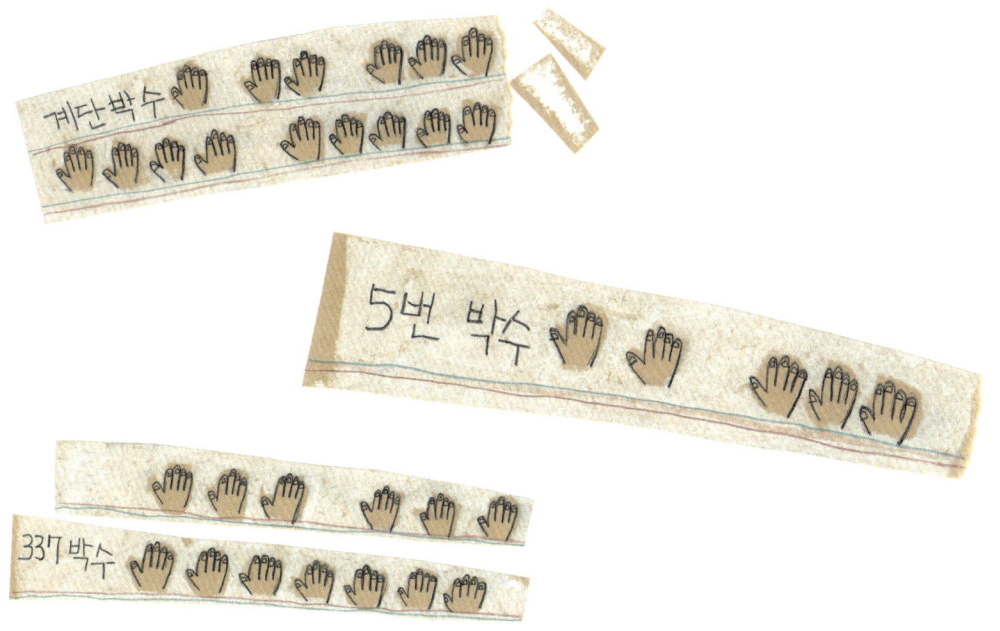

7월 잘난 척하지 마!

수와 연산 영역의 기호의 의미

더하기 빼기 모양을 +, −로 하지 않고 다르게 바꾸면, 사람들이 뭐라고 할까요? 알아듣는 사람도 있을까요?

잘난 척하지 마!

오늘 준수가 더하기 어려운 문제를 냈다. 나는 못 알아맞혔다.
준수가 자기는 잘한다고 잘난 척해서 기분이 나빴다.
집에 와서도 기분이 나빴다. 갑자기 선생님이
수학은 약속이라고 하신 말씀이 생각났다. 그래서
집에 와서 나만의 약속을 정했다.
더하기 표시는 ★로, 빼기 표시는 ○로 정해 갔다.
준수한테 쉬운 문제를 냈는데도 못 맞혔다.
준수가 내가 만든 표시를 알아 낼까 봐 얼른 집으로 왔다.
약속을 미리 말하지 않은 것은
치사하지만 잘난 척하는 준수를
한방 먹여 줬기 때문에
속이 시원했다.

"**아람아**, 같이 가자."

공부를 마치고 집으로 돌아오는 길에, 준수가 뒤에서 뛰어오며 아람이를 부릅니다.

"우리 집에 가서 놀자. 우리 형 오늘 늦게 와. 우리 집에 가서 게임하자."

"그래, 좋아. 그런데 너, 서당 게임 알아?"

서당 게임은 인터넷에서 한자말을 알아맞히는 게임입니다. 가로, 세로로 여러 칸에 글씨가 써 있는데, 가로나 세로, 대각선으로 이어서 네 글자로 된 한자말이 되도록 찾는 게임입니다. 아람이는 아직 익숙하지 않아서, 네 글자 한자말이 나오면 한 글자씩 차례로 찾아 나가는데 번번이 상대편에게 지고 맙니다. 그래도 가슴이 두근두근하고 먼저 찾으면 너무 재미있어서 그 게임을 좋아합니다.

"그럼, 나 얼마나 잘 맞히는데. 난 벌써 거기에 있는 한자 다

외웠어."

"정말? 한번 외워 봐."

"응… 새옹지마, 격세지감, 동문서답, 마이동풍, 죽마고우, 동분서주, 추풍낙엽, 삼십육계, 오월동주, 조삼모사……."

아람이는 속으로 깜짝 놀랍니다. 아람이도 서당 게임을 많이 했는데, 아직 낱말을 하나씩 찾기에도 힘들어합니다.

"와~ 넌 맨날 이기겠다."

"그~럼. 우리 형은 나보다 더 잘해. 나는 더하기 어려운 것도 잘해. 너, 245 + 316이 얼마인지 알아?"

'245는 백이 2개, 십이 4개, 일이 5개 있는 거니까…….'

아람이는 백, 십, 일이 몇 개인지 생각을 하는데도 머리가 복

잡해집니다.

"아니. 몰라."

"그것도 모르냐? 561이야. 더 어려운 것도 난 할 수 있어. 너, 1547 + 253이 얼마인지 알아?"

준수는 계속 잘난 척을 하며 우쭐댑니다.

아람이는 순간 형이 있어서 게임도 더 잘 하고, 큰 수 더하기 빼기도 할 줄 아는 준수가 부럽습니다. 그러나 아람이는 표시를 내지 않으려고 애를 씁니다.

"너 고누놀이 할 줄 알아?"

"아니."

"칠교놀이는 잘해?"

"아니."

"야, 나 집에 가야 돼, 우리 엄마가 공부 끝나고 꼭 집에 가방 두고 엄마한테 전화하고 놀러 가라고 했어. 이따가 심심하면 니네 집에 놀러 갈게."

"피, 알았어."

"잘 가."

아람이는 101동이 나타나자 얼른 준수에게 인사를 하고 집으

로 뛰어갑니다. 고누놀이와 칠교놀이를 준수가 잘 못하는 것이 정말 다행입니다. 엘리베이터를 타고 집 안으로 들어올 때까지 아람이는 계속 준수가 어려운 더하기를 잘 한다고 잘난 척한 것이 생각나서, 기분이 좋지 않습니다.

'무슨 좋은 수가 없을까? 준수는 맨날 잘난 척을 한단 말이야.'

아람이는 식탁에 앉아서 연필로 열심히 수를 씁니다.

$$5+4=9 \quad 7+8=15 \quad 1547+253=$$

수학아
수학아
나 좀 도와줘.

'모르겠어. 안 돼. 이걸로는 안 돼. 도저히 안 돼. 그럼, 어떻게 하지?'

아람이는 생각하고 또 생각합니다. 냉장고에서 우유를 꺼내서 한 잔 마시고 또 생각합니다. 연필 끝으로 식탁을 톡톡 두드리며 생각합니다. 그래도 좋은 생각이 나지 않습니다. 아람이는 자기도 모르게 손을 턱에 괴고 다리를 앞뒤로 흔들며 생각에 빠졌습니다.

갑자기 아람이가 씩 웃습니다. 가방에서 공책을 꺼내 쫙 찢습니다. 종이에 무엇인가 마구 쓰기 시작합니다. 낄낄낄 소리내어 웃기도 합니다.

아람이는 종이를 들고 준수네 집으로 뛰어갑니다.

"준수야!"

"어? 아람아. 니네 엄마가 놀아도 된다고 하셨어?"

"아니. 너 내가 문제 낼 테니까 알아맞혀 봐."

"무슨 문제?"

"아주 쉬운 거야. 자, 이게 얼마야?"

"야, 그게 뭔데?"

"그것도 몰라. 11이야."

"그건 더하기잖아."

"아니야, 별이야. 어쨌든 또 문제 낼 테니 알아맞혀 봐. 얼마야?"

"21!"

"아니야. 7이야."

"야, 그건 빼기잖아."

"몰라. 아니야. 동그라미야. 또 낼 테니까 알아맞혀 봐."

"몰라."

"48이야."

"야, 뭐든지 네 맘대로냐?"

"내 맘대로 아니야. 약속이야. 우리 선생님이 수학은 약속을 정하는 거랬어. 네가 약속을 찾아 내면 되지 뭐."

"몰라! 그런 게 어딨냐?"

아람이가 준수에게 계속 문제를 내려고 하자, 준수는 화가 나서 소리를 지르고 현관 문을 쾅 닫고 들어가 버립니다.

아람이는 화가 난 준수는 아랑곳하지 않고 웃으며 집으로 뛰

어왔습니다.

  방으로 들어간 아람이는 햄스터 집 앞에 엎드리더니 신이 나서 이야기를 합니다.

"스터야. 너, 준수 화난 것 못 봤지? 준수 이제 잘난 척 안 할 거야."

"……."

"너, 내가 어떻게 준수 혼내 줬는지 아니?"

"……."

"6★5가 얼마인지 물어봤어."

"11이잖아."

"어? 너 어떻게 알았어? 너 내 마음 다 아니?"

아람이는 너무 놀라워합니다.

"내가 그것도 모를까 봐? 6 더하기 5를 간단하게 표시한 거잖아."

"야, 6 더하기 5는 6+5라고 쓰는 거잖아."

"나도 알아. 하지만 +는 간단한 약속이잖아. 그러니까 그 약속을 ★로 정할 수도 있어. 그런데 옛날 수학자들이 +로 정했기 때문에 지금까지 쓰고 있는 거야. 뭐, 만약 더하기 표시를

약속은 미리 말을 해 주어야 하는 거야.

간단하게 ★로 했다면 지금도 그렇게 쓰고 있을걸."

"맞아, 넌 내 마음을 어떻게 그렇게 잘 아냐. 내가 준수를 골탕먹인 방법이 바로 그거거든. 내가 더하기 표시를 ★로 정하고, 빼기 표시는 ○로 정했지. 그리고 더하기 표시를 ◆로 바꿨지. 그리고 문제를 내니까 하나도 못 맞히더라. 헷갈리나 봐. 아주 쉬운 거였는데도 말이야."

미리 말해 주면 알아맞히잖아. 그러면 더 잘난 척할걸.

"그래, 잘했어. 하지만 약속은 미리 말을 해 줘야 하는 거야."
"미리 말해 주면 준수가 알아맞히잖아. 그러면 더 잘난 척할 걸. 준수가 얼마나 쩔쩔맸는지 알아? 속이 다 시원해."
"참, 아람이 너도. 어쨌든 너, 생각을 참 잘한다. 축하해. 수학을 잘 하겠어."
"아니야. 난 잘난 척하는 건 참을 수 없어. 야, 스터야. 나 나가서 놀다 올게."

아람이는 롤러 브레이드를 신고 밖으로 나갑니다. 놀이터에 가 보니 함께 놀 아이들이 없습니다. 그래도 아람이는 신이 납니다. 롤러 브레이드를 신고 아파트 단지를 씽씽 돌았습니다.

8월 여름에 즐기는 수학 놀이

놀면서 수 세기, 계산 척척, 도형 공부!

산가지를 찰랑찰랑 만지다가 착 던지면 촤르르르 쌓아져요. 조심조심 하나씩 빼다 보면 어느 새 없어지지요. 내 것 몇 개, 네 것 몇 개 나누다 보니까 저절로 수 세기, 덧셈, 뺄셈 공부가 되네요.

여름에 즐기는 수학 놀이

조심조심 하나씩!

● 준비물 산가지

❶ 50개 정도의 산가지를 적당히 뭉쳐 놓는다.

❷ 가위바위보로 순서를 정해서 첫 번째 사람이 산가지 하나를 던져서 뭉치를 흐트러뜨린다.

❸ 흐트러진 산가지를 건드리지 않고 하나씩 하나씩 집어 간다. 산가지를 건드리면, 다음 사람이 그 산가지를 다시 뭉치에 던져서 흐트러뜨린 다음 하나씩 하나씩 집어 간다.

❹ 순서대로 가져가다가 산가지가 다 없어지면 놀이가 끝나는데, 가져간 산가지의 수가 많은 사람이 이긴다.

✖ 산가지 : 옛날에 수효를 셈하는 데 쓰던 물건

가위바위보! 집을 짓자

● 준비물 산가지

❶ 가위바위보를 하여 이길 때마다 산가지를 하나씩 가져가서 집 모양을 만든다.

❷ 산가지 20개로 먼저 완성한 사람이 이긴다.

❸ 모두 20개짜리 집을 지어놓고, 가위바위보를 하여 하나씩 빼서 먼저 집 모양을 지운 사람이 이기는 놀이를 할 수도 있다.

✖ 집 모양 대신 다른 모양을 만드는 놀이를 할 수도 있다.

산가지 만드는 방법
나무젓가락을 반으로 쪼갠 다음, 길이를 반으로 자른다. 유성 매직이나 물감으로 색칠하거나 식용 색소를 푼 물에 담가서 예쁘게 물을 들인다.

손가락을 올릴 때는 조심조심!

❶ 놀이할 사람들이 둥그렇게 모여 앉는다.

❷ 엄지손가락만 보이도록 주먹을 쥐거나 깍지를 끼어 모두 원 가운데로 두 손을 모아 내민다.

❸ 첫 번째 사람이 0에서 10사이의 숫자를 부르며 자기가 올리고 싶은 만큼 엄지손가락을 올린다.(올리지 않아도 된다.)

❹ 이 때 다른 사람들도 자기가 올리고 싶은 만큼 엄지손가락을 올린다.

❺ 올린 엄지손가락의 수와 부른 수가 같으면 수를 부른 사람이 이기게 된다. 이긴 사람은 손바닥으로 진 사람들의 손을 때린다.

❻ 다음 사람이 다시 수를 부르며 엄지 손가락을 올린다.

✘ 부르는 수는 2명이 할 때는 0에서 4까지, 3명이 할 때는 0에서 6까지, 5명이 할 때는 0에서 10까지 부를 수 있다.

마지막 바둑알은 안돼!

● **준비물** 바둑알

❶ 바둑알을 그림과 같이 늘어놓는다.

❷ 가위바위보를 해서 먼저 할 사람을 정한다.

❸ 바둑알은 맨 아래 오른쪽부터 차례로 가져가야 한다. 첫 번째 사람이 바둑알을 한 개나 두 개나 세 개 가져갈 수 있다.

❹ 다음 사람도 바둑알을 한 개나 두 개나 세 개를 가져간다.

❺ 차례차례 바둑알을 가져가다가 마지막에 검은 돌을 가져가야 하는 사람이 진다.

✱ 바둑알을 오른쪽에 있는 그림과 같이 놓고 할 수도 있다. 이때는 다음 줄을 넘어서서는 가져가지 못한다. 예를 들어 다섯째 줄에 1개가 남았으면 가져갈 차례의 사람이 하나밖에 가져가지 못한다. 한 개나 두 개나 세 개를 차례로 가져가서 마지막 남은 검은 돌을 가져가야 하는 사람이 진다.

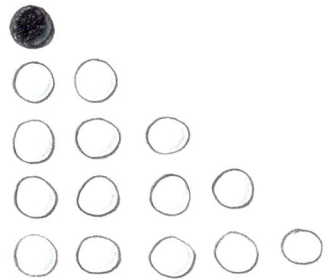

주사위를 굴려 땅을 따먹자!

● **준비물** 주사위나 수 카드 1에서 9까지, 바둑알, 놀이판

❶ 가위바위보로 순서를 정한 다음, 각자 흰 돌이나 검은 돌을 정한다. 수 카드는 잘 섞어서 뒤집어 놓는다.

❷ 첫 번째 사람이 수 카드를 한 장 고르거나 주사위를 굴린다. 나온 숫자와 10에서 그 숫자를 뺀 수에 자기 바둑알을 놓는다. 예를 들어 3이 나왔으면 3과 7에 자기 바둑알을 놓는다.

❸ 두 번째 사람도 같은 방법으로 하여 자기 바둑알을 놓는다.

❹ 차례로 주사위를 굴리거나 수 카드를 골라서 나온 수와 10에서 나온 수를 뺀 수에 바둑알을 놓는다. 이 때, 자기 바둑알이 다른 사람의 알을 감싸면(바둑처럼) 다른 사람의 바둑알을 따먹을 수 있다.

❺ 더 이상 바둑알을 놓을 곳이 없을 때 판에 있는 자기 알을 세고, 자기가 딴 알을 합하여 점수를 낸다. 점수가 큰 사람이 이긴다.

✖ 두 사람이 하거나, 여럿이 할 때는 두 편으로 나누어 할 수 있다.

땅따먹기 놀이판

1	2	3	4	5	6	7	8	9
9	8	7	6	5	4	3	2	1
1	2	3	4	5	6	7	8	9
9	8	7	6	5	4	3	2	1
1	2	3	4	5	6	7	8	9
9	8	7	6	5	4	3	2	1
1	2	3	4	5	6	7	8	9
9	8	7	6	5	4	3	2	1
1	2	3	4	5	6	7	8	9

구구단 빙고

● **준비물** 놀이판

① 놀이판에 모두 2단에서 9단까지 자기가 쓰고 싶은 구구셈을 쓴다. 3단과 4단 중에서만 고르거나 8단과 9단에서만 고르거나 제한을 둘 수도 있다.

② 가위바위보를 하여 이긴 사람이 먼저 자기가 부르고 싶은 구구셈을 부른다. 부른 구구셈이 자기 놀이판에 있을 때는 동그라미를 친다.

③ 다음 사람이 자기가 부르고 싶은 구구셈을 부른다. 부른 구구셈이 자기 놀이판에 있을 때는 동그라미를 친다.

④ 차례대로 돌아가며 구구셈을 부른다.

⑤ 자기 놀이판에 가로나 세로나 대각선이나 어느 곳이 한 줄로 이어지면 '구구단!'이라고 외친다.

⑥ 먼저 '구구단!'을 외친 사람이 이긴다.

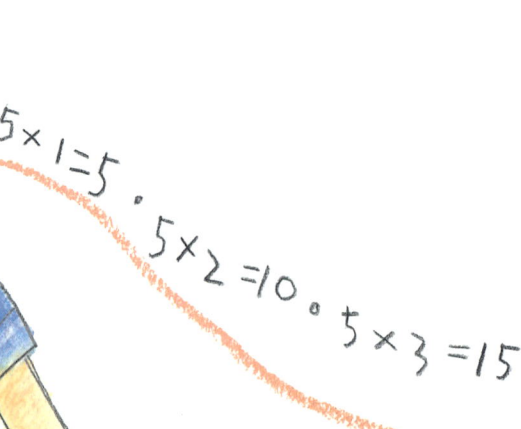

<구구단 빙고 놀이판>

○ 6×2=12 ○ 6×3=18 ○ 6×4=24 ○ 6×5

더 큰 수가 나와라

● **준비물** 0에서 9까지 수 카드 2세트

❶ 수 카드를 잘 섞어서 뒤집어서 쌓아놓는다.

❷ 먼저 각자 한 장씩 골라 일의 자리를 만든다.

❸ 다음에 또 한 장씩 집어서 십의 자리를 만든다.

❹ 다음에 또 한 장씩 집어서 백의 자리를 만든다.

❺ 가장 큰 수가 된 사람이 이긴다.

※ 자리 수는 천, 만, 십만 등 놀이를 하기 전에 놀이하는 사람이 맘대로 정할 수 있다. 처음부터 수 카드를 4장씩 뽑아서 4장의 순서를 자기 맘대로 늘어 놓아 가장 큰 4자리 수를 만들어도 된다. 물론 만, 십만,… 자리 수를 늘이면 수 카드를 한 번에 더 많이 가져가야 한다. 두 명 이상이 할 수 있으며 사람이 많아지면 수 카드가 더 많아야 한다.

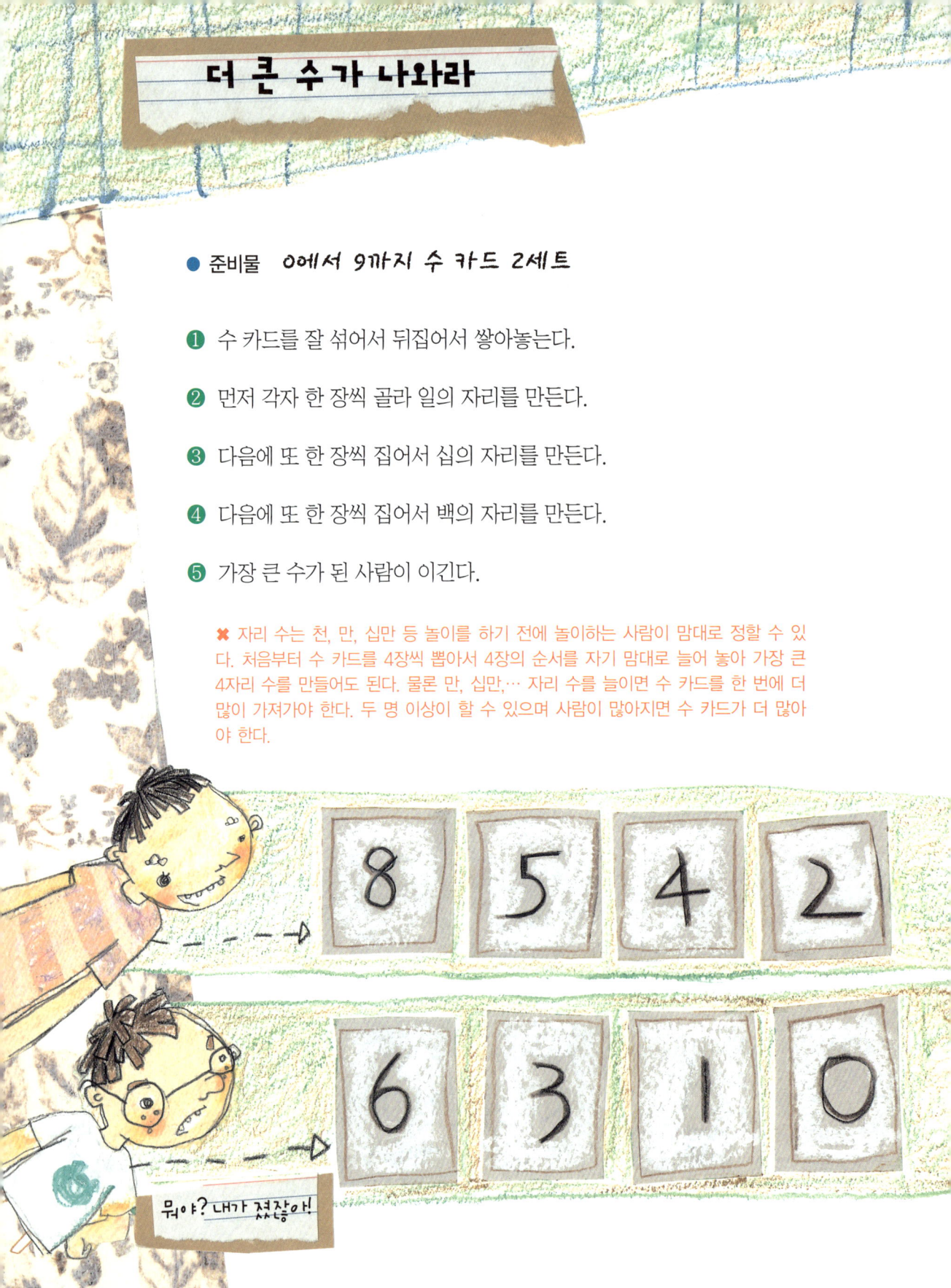

뭐야? 내가 졌잖아!

칠교놀이

● 준비물 색종이, 종합장, 풀

❶ 색종이를 정사각형으로 사등분하여 칠교 모양 오리기를 한다.

❷ 7조각으로 오렸으면 여러 가지 모양을 만든다.

❸ 모양을 만들어 종합장에 붙인다.

✖ 꾸준히 연습하면 도형 감각과 사고력이 크게 향상되는 놀이이다.
종합장에 모아서 방학 과제로 제출하면 좋다.

9월 동전 3개가 1000원이라면?

수와 연산 영역의 10의 발명

10은 아주 특별한 수랍니다. 내 손가락과 같은 수니까요. 아마 먼 옛날 원시인들은 손가락을 이용해서 수를 말하지 않았을까요?

동전 3개가 1000원이라면?

선생님이 원시인이 10을 발명한 이야기를
해 주셨다. 엄청 많은 과일을 셀 때, 손가락을 써서
손가락 모두 한 번, 손가락 모두 두 번,
손가락 모두 3번하고 4개. 이렇게 세다가
큰 수도 셀 수 있다고 하셨다.
손가락은 정말 중요한 것 같다. 큰 수를 셀 때
손가락 10개가 기본이 되는 줄은 몰랐다.
그렇지만 손가락이 3개였다면 300원이 1000원이
됐을지도 모른다. 그러면 300원으로도 물건을
많이 살 수 있을 텐데.

수학 시간에 선생님이 해 주시는 이야기는 언제나 재미있습니다. 오늘도 선생님은 재미있는 이야기를 해 주십니다.

"오늘은 아주 옛날에 원시인이 어떻게 수를 셌는지 이야기해 줄게요. 원시인 이름은 아람이예요. 어느 날, 아람이 원시인이 과일 나무에서 과일이 많이 열려 있는 것을 보았어요. 아람이

원시인은 신이 나서 모두 땄어요. 먹을 것이 많으니까 너무 기뻤어요. 그래서 몇 개인지 정확하게 세서 다른 사람에게 말해 주고 싶었어요. 그런데 문제가 있어요. 아람이 원시인이나 다른 원시인은 그 때까지 많은 수를 셀 줄 몰랐거든요. 그냥 '하나, 둘, 셋, 넷, 다섯, 많다.' 이렇게밖에 셀 줄 몰랐어요. 아람이 원시인도 과일을 세어 보기로 했지요. '하나, 둘, 셋, 넷, 다섯.' 이렇게 세다가 더 이상 못 세니까 '많다…….' 하고 그만 셌어요. 그런데 아람이 원시인은 우리 반 아람이처럼 생각을 잘 하는 친구인가 봐요. 과일이 정확하게 몇 개인지 꼭 세

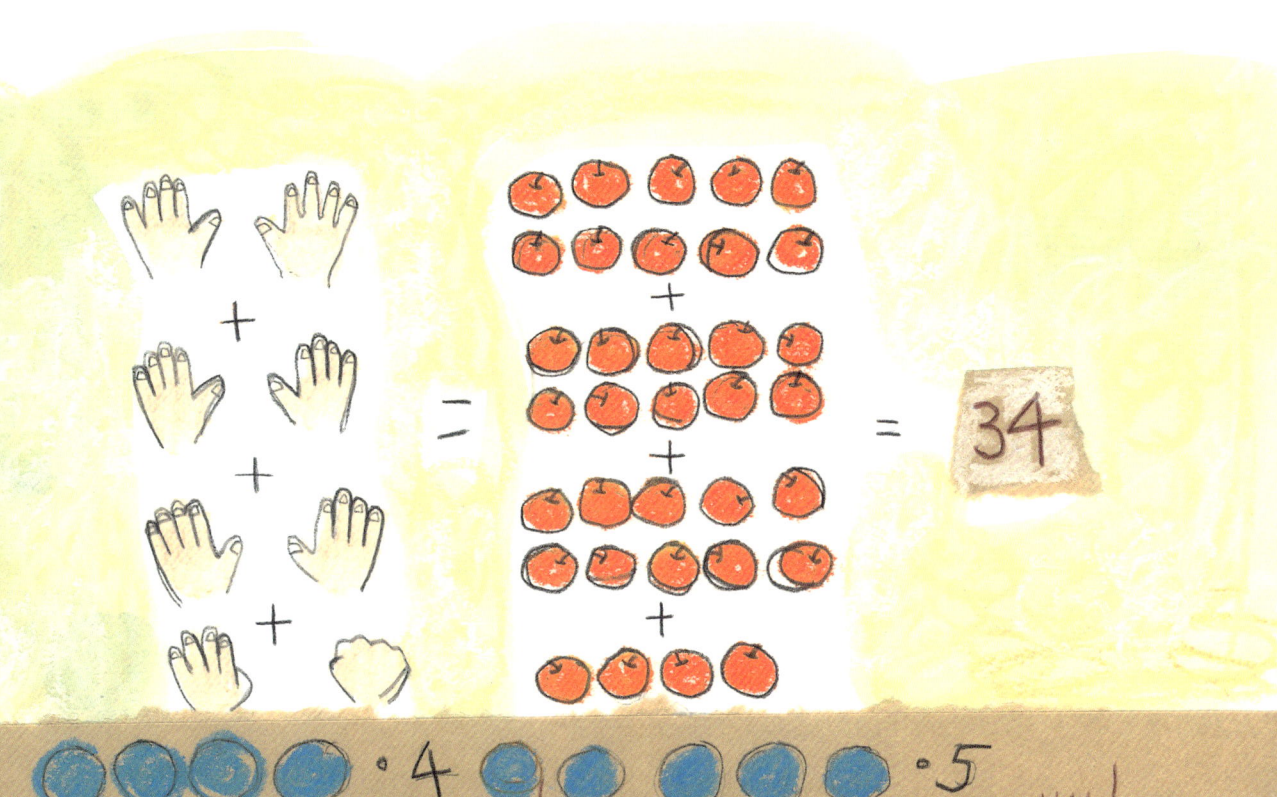

고 싶었거든요. 그래서 내내 생각하면서 어떻게 셀까 고민을 했지요. 그러던 어느 날, 아람이 원시인에게 좋은 생각이 떠올랐어요. 자기 손가락을 쓰기로 한 거예요. 여러분은 손가락이 열 개라는 거 알고 있지요? 아람이 원시인은 바로 그 열 개의 손가락을 써서 많은 수의 과일을 세기로 한 거예요. 그래서 '내 손가락 모두 한 번, 내 손가락 모두 두 번, 내 손가락 모두 세 번, 그리고 나머지 네 개.'라고 말했어요. 그랬더니 다른 원시인들이 아람이 원시인의 말을 알아들었어요. 손가락 모두 세 번에 4개라고 하자, 과일이 얼마만큼 있다는 말인지 정확하게 알아차렸어요. 그래서 34개는 내 손가락 모두 세 번과 4개라는 뜻이 되는 거예요. 시간이 지나면서 '내 손가락 한 번'은 '열 개'라고 말하게 되었지요. 그리고 열 개는 '10'이라고 쓰기로 했어요. 열한 개는 내 손가락 모두 한 번과 1개이고, 11이라고 썼지요. 그 후로 사람들은 아무리 많은 수라도 정확하게 셀 수 있었어요. 100까지 세고 나면 100이 한 번, 100이 두 번……. 이렇게 세면 아주 큰 수도 차례차례 셀 수 있으니까요."

아람이는 선생님의 이야기에 푹 빠져 들었습니다.

"우리 주변에는 우리 손가락처럼 10개씩 되어 있는 것이 많아요. 오징어 다리도 있고, 우리 발가락도 열 개지요? 그리고 물건을 10개씩 묶어서 팔기도 해요. 그렇게 하면 세기 편하니까요. 아, 곶감도 10개씩 꿰어서 팔기도 해요. 엄마와 시장에 가서 시장도 구경하고, 10개씩 꿰어 있는 곶감을 찾아보세요. 10개씩 들어 있는 물건들에는 또 무엇이 있나 살펴보세요."
"곶감? 호랑이와 곶감에서 나오는 그 곶감?"
"나도 곶감 먹어봤다."

"난 곶감 맛이 이상해서 싫어해."

"우리 엄마가 저번에 곶감 사 왔는데……."

아람이는 친구들과 곶감에 대해 이야기를 합니다. 하지만 아람이는 걱정입니다. 엄마는 매일 저녁에 오시는데 언제 시장에 가서 곶감을 찾아볼 수 있을지 걱정입니다. 아람이도 다른 아이들처럼 엄마하고 시장에 가고 싶습니다.

공부를 마치고 집에 돌아오면서도 아람이는 시장 생각을 했습니다.

'곶감도 보고 열 개씩 묶어 있는 물건에는 무엇이 있는지, 나 혼자 가 볼까?'

언젠가 아람이는 엄마와 시장에 가 본 적이 있습니다. 시장은 아주 시끄럽고 사람이 많습니다. 과일, 옷, 과자, 사탕, 테이프, 떡볶이, 채소, 튀김, 모자, 약초, 양말, 햄스터, 생선, 신발 등 없는 것이 없습니다. 줄지어 과일을 파는 사람들과 생선을 파는 사람들이 소리를 지르기도 합니다. 사람들이 이리저리 왔다갔다하는 바람에 정신이 하나도 없지만, 리어카에 곶감을 담아 파는 아저씨를 본 것 같습니다.

'19번 버스를 타고 열다섯 정거장쯤 가면 되는데……. 에이,

안 되겠다. 그냥 할인 마트에 가야지. 그런데 10개짜리 곶감이 있을까? 없으면 다른 것을 보고 오면 되지, 뭐.'

고민을 하던 아람이는 아파트 단지 옆에 있는 할인 마트에 가 보기로 합니다. 아람이는 엄마가 준비물을 살 때 쓸 비상금을 주방 서랍에 넣어 두시는 것을 알고 있습니다. 아람이는 서랍에서 천 원을 꺼냈습니다.

할인 마트에 도착하니 고소한 튀김 냄새와 빵굽는 냄새가 납니다. 아람이가 좋아하는 어묵튀김도 보입니다. 아람이는 입구부터 찬찬히 둘러보기로 합니다. 입구에서 가장 가까운 곳에는 과일과 채소를 팔고 있습니다.

'시금치 3단 천 원'이라고 써 있는 것을 보고 아람이는 고개를 갸웃거립니다.

'시금치는 왜 3단씩 묶어서 팔까? 어? 과일도 팩에 묶어서 팔고 있잖아? 몇 개씩일까? 10개씩 묶어 파는 것도 있을까?'
아람이는 이것저것 둘러보면서 하나하나 세어 봅니다.

'토마토 6개, 방울토마토 30개쯤, 바나나 12개, 사과 4개, 포도는 2송이, 참외는 2개……. 에이, 10개씩 묶어서 파는 것은 없잖아.'

"꼬마야, 뭘 찾니? 엄마가 과일 사 오라고 하셨니?"

아람이가 과일 세는 것을 보고 과일 코너에 계신 아주머니께서 묻습니다. 하지만 아람이는 대답도 하지 않고 얼른 생선 파는 곳으로 갑니다. 꽁치, 가자미, 오징어, 새우, 조개, 낙지 등 갖가지 생선 이름과 값이 죽 써 있습니다.

'참, 오징어 다리가 10개야.'

아람이는 오징어 다리를 하나씩 세기 시작합니다.

'오징어도 사람인가? 다리가 10개네.'

"이 녀석아, 오징어를 손으로 만지작거리면 어떻게 해?"

생선 코너에 계신 아주머니가 꿀밤을 때리십니다.

'에라 모르겠다. 아이스 크림이나 사 먹자.'

아람이는 아이스 크림을 먹으며 집으로 돌아옵니다. 남은 돈 300원은 서랍에 넣어 둡니다. 엄마는 준비물 살 돈을 맘대로 쓰면 아주 혼내십니다. 이내 풀죽은 아람이가 중얼거립니다.

"괜히 사 먹었나 봐. 이제 엄마한테 죽었다."

아람이는 화가 난 엄마의 얼굴을 그려 봅니다.

'300원이 1000원이면 좋겠다. 1개는 100원, 2개는 200원, 3개는 1000원, 4개는 1100원, 5개는 1200원, 6개는 2000원, 7개는 2100원……. 그러면 동전 3개는 1000원이니까 엄마한테 혼나지도 않을 텐데……. 사람 손이 3개였다면 3개씩 묶어서 3개를 10으로 표시했을까?

아람이는 한참 동안 머리를 굴려보다가 제 방으로 들어갑니다.

"너 아까 300원이 1000원이라면 좋겠다고 생각했지?"

"어? 너 스터 어떻게 내 생각을 알았냐?"

"야, 친구 마음도 모르면 친구라고 할 수 있겠냐? 나도 네 생각하고 같아. 만약 사람 손이 열 개가 아니었다면 수는 지금

쓰는 것과 다를지도 몰라."

"너도 그렇게 생각했구나! 역시 우리는 통하는 게 있어. 야, 내가 동전 3개 남은 것을 1000원이라고 상상해 봤는데, 한번 들어 볼래? 있잖아, 만약 3개가 1000원이 되려면 말이야……."

아람이는 신나게 이야기합니다. 엄마한테 혼날 생각은 싹 잊어버린 듯합니다.

햄스터 집 앞에서 턱을 괴고 앉아 졸던 아람이는 세상 모르고 쿨쿨 잠에 빠져 있습니다.

10월 우리 반 교실 문을 내가 열었다

측정 영역의 시간

30분은 긴 시간인가요? 아니면 짧은 시간인가요?
시간은 같은데 왜 어떨 땐 길게 느껴지고 어떨 땐 짧게 느껴질까요?

우리 반 교실 문을 내가 열었다

오늘은 우리 반 교실 문을 내가 열었다. 아침에 엄마가 일찍 깨워 주셨다. 6시에 일어났는데 엄마가 너무 이르다고 하셔서 햄스터랑 놀다가 잠이 들었다가 7시 30분에 일어났다. 밥 먹고, 씻고, 준비를 다 했는데도 8시가 안 됐다. 게임할 때는 1시간도 짧은데, 아침에는 30분도 긴 시간이라는 것을 알았다. 학교에 갔더니 아무도 없었다. 우리 반 열쇠 번호는 2357이다. 번호를 눌러 교실 문을 여는 것은 재미있다. 매일매일 내가 문을 열 거다.

"**아람아!** 일어나, 일어나라고. 일찍 깨우라고 했잖아. 6시 30분이야, 6시 30분!"

엄마가 아람이를 흔들어 깨우십니다. 아람이는 반쯤 감긴 눈으로 겨우 일어나 앉아 소리를 지릅니다.

"몇 시예요, 몇 시? 어? 6시 30분이다. 늦었다!"

아람이는 눈을 비비며 엄마에게 소리칩니다.

"엄마, 나 왜 일찍 안 깨웠어요?"

"안 늦었다."

"아니에요, 늦었어요. 오늘 일찍 가서 내가 먼저 문 열고 싶었어요."

"몇 시까지 가면 되는데?"

"8시예요."

"아이고, 아직 멀었잖니. 늦지 않았어. 얼른 씻어라."

엄마는 웃으시며 방을 나가십니다.

아람이는 눈을 비비며 자리에 도로 눕습니다.

"야, 너 1시간이 얼마나 되는 시간인지 잘 모르는구나?"

"어? 스터야? 네가 웬일이야? 졸려 죽겠는데 왜 또 말을 시키냐?"

"네가 한심해서 그런다. 아직 6시 30분이면 8시까지는 시간이 많이 남았는데, 늦었다고 호들갑 떠니까 한심해서 그래."

"뭐? 얼마나 남았는데?"

"1시간 30분이나 남았지."

"그게 시간이 많이 남은 거야?"

"으이그, 너 1시간이 얼마나 되는 시간인지 잘 모르냐? 할 수 없군. 하나씩 알아보는 수밖에. 우선 너, 가장 짧은 시간을 무어라고 하는지 알고 있니?"

"1초."

"그래, 잘 알고 있구나. 1초는 시계의 초 바늘이 똑딱 움직이는 시간이지. 1초 동안에 너는 무엇을 할 수 있니?"

"글쎄……."

"좋아, 그러면 1초 동안 할 수 있는 일을 찾아보자. 교과서가 어디 있지? 교과서를 가져 와 봐."

아람이는 읽기책을 가지고 옵니다.

"내가 시계를 보여 줄 테니 초바늘을 잘 보면서 바늘이 한 번 움직일 때마다 책을 한 장씩 넘겨 봐."

"알았어. 해 볼게."

"자, 시작!"

아람이는 초바늘을 보면서 바늘이 한 번 움직일 때마다 책을 한 장씩 넘깁니다.

"야, 너무 빨리 넘겼잖아. 천천히 넘겨."

아람이는 이제 1초가 지날 때마다 정확히 책을 한 장씩 넘길

수 있게 되었습니다.

"와! 잘 하는데. 바늘을 보지도 않고 정확히 1초에 한 장씩 넘기는데."

"그만 할래. 1초는 책 한 장을 넘기는 데 걸리는 시간이라는 것을 알았어. 어떤 때는 너무 빨리 넘겨서 1초가 안 되는 적도 있지만."

"이제 1분을 알아볼까? 너, 1분은 1초가 몇 개 있어야 되는지 아니?"

"60초."

"좋아, 그러면 1분 동안 무엇을 할 수 있을까? 너 내가 1분을 잴 테니까 1분 동안 책을 읽어 봐."

"알았어."

"준비됐냐? 자, 시~작!"

아람이는 책을 읽기 시작합니다. 아람이가 열심히 읽어도 스터는 그만 읽으라는 소리를 하지 않습니다.

"야, 스터야. 아직 1분 안 됐어?"

"그래, 빨리 읽어. 1분 아직 안 됐어."

"어? 1분 된 것 같은데. 야, 1분이 이렇게 길어?"

아람이가 책을 한참 읽은 다음에야 스터는 1분이 되었다고 말합니다.

"야, 1분이 왜 이렇게 기냐?"

"이제 알았냐? 이제 5분을 알아보자. 5분 동안 책을 읽어 봐. 내가 5분을 재어 줄게."

아람이는 햄스터가 시키는 대로 5분 동안 책을 읽습니다.

"와~ 5분 동안에도 많이 읽을 수 있구나."

"너 1시간은 몇 분인지 아냐?"

"응, 그거는 알아. 60분이야. 반은 30분이고."

"그래. 그러니까 이제 한 시간이 얼마나 긴지 알았지?"
"와~ 1시간 동안 책을 읽으면 엄청 많이 읽겠다. 한 권도 더 읽겠어."
"하하하, 그렇게 생각하냐? 그런데 그렇지 않아. 1시간이 아주 짧게 느껴질 때도 있거든. 너, 컴퓨터 게임을 하면 얼마나 시간이 빨리 가는 줄 알지?"
"응. 금방 한 것 같은데 한 시간이 지나가서 엄마가 그만 하라고 하셔."
"시간은 정해져 있지만 같은 시간이라도 사람에 따라서, 또는 무엇을 하고 있느냐에 따라서 길이가 다르게 느껴지기도 해."

"그렇구나. 이제 학교 갈 준비해야겠다. 나 오늘 교실 문 열고 싶어."

"잠깐! 시간과 시계에 대해 좀더 이야기를 해 줄게. 옛날 사람들은 시간을 어떻게 알게 되었을까?"

아람이는 골똘히 생각해 봅니다.

"알았다! 해가 지나가서 어두워지고, 그러다가 다시 환해지는 걸 보면서 시간이 지나가는 것을 알았을 거 같아."

"어쭈, 대단한데! 맞았어. 사람들이 해가 뜨고 지고, 계절이 바뀌고 하는 것을 잘 관찰해서 시간이 지난다는 것을 알게 되었대."

"그럼 시간을 재는 시계는 어떻게 만들게 되었지? 참, 나 지난번에 현장 학습 갔을 때, 박물관에서 해시계와 물시계를 봤어."

"그래, 옛날부터 해시계는 정확하기도 하고 많이 쓰는 시계였어. 옛날 사람들은 해가 있을 때 그림자가 움직이는 방향과 길이를 보고 시간을 알 수 있었지. 다른 나라에서는 양초가 타서 없어지는 것을 보고 시간을 재기도 하고, 새끼줄이 탈 때 없어지는 길이를 보고 시간을 재기도 했대. 그러다가 요즘 같은 시계를 만들게 되었지."

옛날 사람들은 해시계를 통해 시간을 알 수 있었지.

"와! 사람들이 시계를 만든 것은 정말 잘한 것 같아."
"그래, 너, 1초, 1분, 1시간이 어느 정도 시간인지 이제 잘 알겠지?
"응."
그 때 엄마가 아람이 방문을 벌컥 열고 들어오십니다. 방바닥에 햄스터가 앉아서 엄마를 멀뚱멀뚱 쳐다봅니다. 엄마는 혀를 끌끌 차며 집에서 나온 햄스터를 잡아서 집어 넣으십니다.
"아람아, 아람아. 이 녀석, 깨워 놨더니 또 자고 있네. 어랍쇼,

햄스터 집을 발로 차고 난리가 났구나. 아람아, 빨리 일어나."
"엄…마? 나 안 잤어요."
"뭐야? 이 녀석아, 안 자긴. 7시 30분이야. 8시 전에 가야 교실 문을 열 수 있다며. 늦었다, 이제."
"아니에요, 엄마. 30분은 긴 시간이에요. 충분해요."
"뭐라고? 아이구, 아까는 늦었다고 보채더니. 웬일이냐?"

"다 그런 까닭이 있어요. 시간에 대해 잘 알게 되었거든요. 그렇지, 스터야?"

아람이는 햄스터를 한번 쳐다보고는 씩 웃으며 화장실로 갑니다. 콧노래까지 흥얼거리는 아람이를 보며 엄마는 웃으십니다.

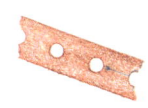

11월 심심해, 심심해, 심심해

수와 연산 영역의 교환 법칙과 역연산의 관계

3+2=5, 2+3=5, 5-2=3, 5-3=2. 덧셈과 뺄셈은 친한가 봐요.
숫자 셋으로 왔다갔다하면서 덧셈식도 되고, 뺄셈식도 되니까요.

심심해, 심심해, 심심해

오늘은 개교 기념일이다. 난 개교 기념일이 싫다.
엄마, 아빠도 모두 나가시고 나만 혼자 집에 있었다.
게임을 했는데도 심심했다. 간식도 많이 먹었는데
심심했다. 엄마 농을 뒤지면서 놀았다. 엄마 농에
사탕이 있었다. 사탕을 9개 먹었다. 먹고 나니 11개가
남았다. 9+11=20이니까, 사탕 한 봉지에 20개가 들어
있었나 보다. 20개에서 11개를 빼니 9가 된다.
내가 9개 먹었으니까 맞다. 덧셈을
확인하려면 뺄셈을 해 보면
된다는 것을 알았다. 저녁에
엄마한테 엄청 혼났다.
아빠가 그러시는데 엄마는
사탕 먹은 것보다 엄마 농
뒤진 것이 화가 나셨다고 한다.
나도 비밀이 있는데 엄마도
보여 주기 싫은 게 있나 보다.

"**아유**, 심심해, 심심해, 심심해."

오늘은 아람이네 학교 개교 기념일입니다.

엄마는 출근을 하시면서 아람이가 낮에 먹을 간식이랑 점심을 특별히 아람이가 좋아하는 것으로 많이 준비해 놓으셨습니다.

그러나 아람이는 점심 먹기 전에 벌써 빵, 토마토 주스, 초콜릿 과자, 돈까스 반찬을 모두 먹어 버렸습니다. 아예 음식을 컴퓨터 앞에 가져와서 신나게 게임까지 하며 먹어 치웠습니다. 간식도 먹고, 게임도 다 하고 나니 정말 심심합니다.

"에이, 준수는 왜 개교 기념일에 놀러 간 거야?"

가족과 함께 도봉산에 올라간 준수를 탓하기도 합니다.

아람이는 거실에서 방으로 왔다갔다하고, 텔레비전을 켰다껐다하고, 냉장고 문을 열었다 닫았다 했습니다. 그것도 모자라 베란다에 나가 밖을 한 번 보기도 하고, 전화기를 들었다 놓았다 하며 심심해서 안절부절못합니다.

아람이는 안방으로 들어갑니다. 엄마 화장대 앞에 앉아봅니다. 엄마가 늘 바르시던 로션이며 화장품들이 아람이를 약올리듯 반짝거립니다. 아람이는 아무 생각없이 서랍 손잡이를 잡고 화장대 서랍을 열었습니다.

"어?"

서랍 속에는 엄마가 가끔씩 바꾸어 하시는 귀고리가 여러 개 있습니다. 파란색, 빨간색, 분홍색 구슬이 달린 귀고리가 있는가 하면, 투명하게 반짝이는 구슬이 달린 귀고리도 있습니다. 길게 늘어진 귀고리, 동그랗고 큰 귀고리도 있습니다. 귀고리 옆에는 목걸이, 브로치도 있습니다.

아람이는 귀고리, 목걸이, 브로치를 모두 화장대 위에 꺼내 놓고 짝을 지어 보다가 다시 서랍에 넣습니다.

이번에는 아람이가 엄마 농의 서랍을 하나씩 열기 시작합니다. 맨 아랫서랍 속에는 속옷이 들어 있습니다. 아람이는 엄마의 속옷을 꺼내어 가슴에 대 봅니다. 검은 스타킹을 신고 거울을 쳐다보기도 합니다. 갑자기 몸이 간지러워지는 것 같습니다. 얼른 스타킹을 벗어 서랍에 넣습니다. 그 윗서랍에는 아직 정리하지 않은 사진이 많이 들어 있습니다. 아람이와 엄마 아빠가 놀이 공원에 가서 찍은 사진과 입학식 날 찍은 사진이 있습니다. 아람이는 서랍 속 물건을 하나씩 확인하는 것이 재미있습니다. 또 다른 서랍에는 통장이랑 영수증이 수북합니다. 맨 윗서랍에는 엄마가 쓰시는 가계부와 수첩이 있습니다.

"어? 무슨 수첩이지?"

아람이가 검은색 표지의 수첩을 꺼내 들자 그 속에서 바스락거리던 물건이 모습을 드러냈습니다. 사탕입니다. 엄마는 외할머니가 오시면 늘 어디선가 사탕을 꺼내와서 드리곤 했습니다. 한 달 전 외할머니가 오셨을 때도 엄마는

"입이 심심할 때 하나씩 드세요."

하며 작은 바구니에 사탕을 가득 담아오셨습니다.

"아이고, 이런 옛날 사탕을 어디서 샀냐? 가게에서는 팔지 않던데……."
"엄마가 좋아하시는 사탕이잖아요. 큰 시장에 갔을 때 사 두었어요."
할머니는 단 것을 무척 좋아하십니다. 하지만 할머니는 사탕을 드실 때마다 아람이 입에 먼저 사탕을 넣어 주셨습니다.
"엄마가 사탕을 여기에 넣어 두시는구나!"

아람이는 봉지를 뜯어 하얀 사탕을 하나 입에 넣었습니다. 겉에 까칠까칠한 설탕이 묻어 있어서 아람이가 늘 먹던 사탕과는 맛이나 느낌이 달랐습니다.

아람이는 사탕을 입에 물고 서랍을 열심히 뒤지며 놉니다. 수첩 속의 글씨를 읽기도 하고, 도장과 인주를 꺼내서 빈 종이에 열심히 찍기도 합니다.

"하나만 더 먹어야지. 이게 7개째지?"

맛있는 사탕을 먹으며 아람이는 이 농, 저 농을 열어 서랍을

뒤지다 보니 심심하기는커녕 시간이 지나는 것이 아쉽기만 합니다.

"으잉? 벌써 5시 30분이네. 그런데 내가 사탕을 몇 개 먹었더라. 아까 7개에서 2개 더 먹었으니 9개 먹었다. 우와~ 혓바닥이 얼얼하다. 어? 그런데 엄마 오시면 봉지를 발견하실 텐데 어떻게 하지?"

아람이는 아예 사탕을 봉지째로 제 방으로 가져옵니다. 그러고는 봉지에 남은 사탕을 책상 위에 와르르 쏟고 사탕 수를 세기 시작합니다.

9개 먹었으니까 11 + 9 = 20

"하나, 둘, 셋, ……. 열한 개 남았네. 그러면 9개 먹었으니까 11+9=20. 한 봉지에 20개 들어 있구나."

"20개가 맞나 확인해 볼까? 응, 20개 있었는데 지금 11개 남았으니까 20-11=9. 내가 9개 먹었으니까 딱 맞다. 어라? 11+9=20, 20-11=9. 덧셈이 틀렸나 확인할 때는 뺄셈을 하게 되는데……. 그럼, 뺄셈을 확인할 때는 덧셈으로 해야 하나?"

아람이는 뺄셈 계산이 맞는지 덧셈으로 확인해 보기로 합니다.

"마라카스 선인장에 꽃이 12개 피었는데 다음 날 보니까 8개 남았다면 몇 송이가 시들어서 죽은 거지? 그래, 뺄셈을 하면 돼. 12-8=4. 4송이가 시들었구나. 그러면 답이 4가 맞나 보려면 시든 꽃 4와 살아 있는 꽃 8을 더한 다음, 원래 피어 있는 꽃송이 수 12가 되는지 알아보면 되겠지? 4+8=12. 우와~ 맞다. 역시 뺄셈은 덧셈으로 확인할 수 있구나."

아람이는 싱글벙글 웃으며 고개를 끄덕거립니다.

"덧셈식과 뺄셈식은 무슨 관계가 있나 봐."

그 때 엄마가 아람이를 부르십니다.

"아람아, 엄마 왔다. 아람이 방에 있니?"

"어? 엄마다. 큰일났다. 어떻게 하지?"

아람이는 사탕을 허겁지겁 모아서 책상 서랍 속에 밀어 넣습니다.

"어…엄마, 안녕히 다녀오셨어요?"

"그래, 아람이 심심했지? 엄마가 저녁 만들어 주마. 조금만 기다려."

"네, 책 읽고 있을게요."

아람이는 책상 앞에 앉아서 생각에 잠깁니다. 장롱을 뒤진 것을 엄마가 아시면 엄청 화를 내실 것입니다. 할머니 사탕을 먹어 버렸으니 더 화를 내시겠지요.

아니나 다를까, 잠시 뒤에 엄마가 아람이 방문을 벌컥 열고 들어오십니다.

"아람아, 너 낮에 뭐 한 거야? 왜 농을 모두 뒤졌어? 엄마 옷이며 물건이 뒤죽박죽이 됐잖아."

엄마는 아람이 등을 철썩 때리십니다.

"너, 뭐 찾느라고 농을 뒤진 거야? 응? 사탕을 먹으려고 그런 거야? 엄마가 간식을 많이 만들어 놓고 갔잖아?"

엄마는 아람이가 심심해서 그랬다는 말을 믿어 주실 것 같지 않습니다. 아람이는 그냥 화를 내시는 엄마가 무섭고 미안해서 눈물만 뚝뚝 흘립니다.

"너, 팔 들고 서 있어. 매일 말썽만 부리니 엄마가 힘들어서 살 수가 있니? 반성 많이 해. 엄마가 나오라고 하기 전까지 방에서 나오지 마."

엄마는 방문을 쾅 닫고 나가십니다.

"잘됐다, 잘됐어. 아람이, 너 맨날 까불고 잘난 척하더니 잘됐다~."

"어, 스터 너… 너 이제 내 친구도 아니야."

"야, 나도 네가 벌 서니까 속상해서 그런 거라고. 근데 너 벌 서면서도 또 심심하지?"

"헤헤. 그래, 역시 넌 내 친구야. 내 마음도 잘 알고."

"좋아, 심심할 땐 문제 알아맞히는 게 최고야. 그럼 내가 문제 낼 게 맞혀 봐."

"알았어."

"햄스터 2마리가 새끼를 낳았는데 5마리 낳았어. 그러면 햄스터 식구들은 모두 몇 마리가 되는지 알아?"

"그런 쉬운 문제를 문제라고 내냐?"

"몇 마리가 되는데?"

"7마리."

"어떻게 구했지?"

$$2 + 5 = 7$$

"어? 답은 맞는데 나하고 덧셈식이 다른데?"

"너는 어떻게 구했는데?"

"어, 정말? 너랑 나랑 식이 다르네. 그래도 답은 같은걸. 난 어미를 먼저 더 했어."
"난 새끼 먼저 더했어."
"그래도 식구 수는 같다."
"그래, 덧셈식에서는 앞의 수를 먼저 더하든 뒤의 수를 먼저 더하든 답이 같아."
"그렇구나. 나 낮에도 하나 알게 된 것이 있어."
"뭔데?"

"덧셈식과 뺄셈식은 관계가 있나 봐. 덧셈을 확인할 때, 뺄셈식을 이용할 수 있어. 뺄셈을 확인할 때는 덧셈을 하면 되고. 그런데 또 덧셈식은 앞의 수와 뒤의 수를 바꿔서 더해도 답이 같다는 것을 알게 됐어. 헤헤……. 역시 난 천재야."
"피, 맨날 자랑은. 나도 천재 햄스터야."
"그런데 너 왜 햄스터 새끼 이야기를 했니? 너 혹시 아기 낳는 것 아니야?"
"그래, 맞아. 나 조금 있으면 아빠 햄스터가 된다."

"와! 축하해."

그 때 아빠가 방문을 살며시 열고 들어오십니다. 아람이는 앉아서 꾸벅꾸벅 졸고 있습니다.

"아람아, 일어나. 이 녀석은 벌 서면서 졸고 있네."

아빠 목소리에 아람이가 잠에서 깹니다.

"아빠! 아빠, 다녀오셨어요? 아빠 제가 잘못했어요."

"그래. 엄마는 사탕을 먹은 것보다 허락도 받지 않고 엄마 농을 뒤져서 화가 나신 거야. 남의 물건을 허락도 없이 건드리면 안 되는 거야. 엄마 물건이라도."

"아빠, 미안해요."

아빠는 아람이를 안아 주십니다.

"아빠, 더하기는 앞의 수와 뒤의 수를 바꿔서 더해도 돼요. 답이 같아요."

"그래? 어떻게 그걸 알았지? 정말 넌 수학 박사구나."

"아빠, 더하기를 확인할 때는 빼기로 확인할 수 있어요. 빼기를 확인할 때는 더하기로 확인할 수 있고요. 덧셈식과 뺄셈식은 서로 관계가 있어요."

"우와, 우리 아람이 대단한걸. 그래, 저녁 먹으러 가자. 엄마

랑 아빠가 저녁 준비를 다했어. 우리 저녁 먹으면서 덧셈식과 뺄셈식 이야기를 자세히 해 보자."

"아참! 아빠, 스터가 새끼 뱄어요."

"어떻게 알았니? 햄스터 배가 불렀니?"

"아니요. 아직 배가 부르지는 않았어요. 그렇지만 다 아는 수가 있어요."

"수학 박사인 줄 알았더니 이제 보니 햄스터 박사네."

"헤헤……. 아빠, 사랑해요."

아람이는 아빠 허리를 꼭 껴안습니다.

"그래, 아빠도 엄마도 아람이를 많이 사랑해."

12월 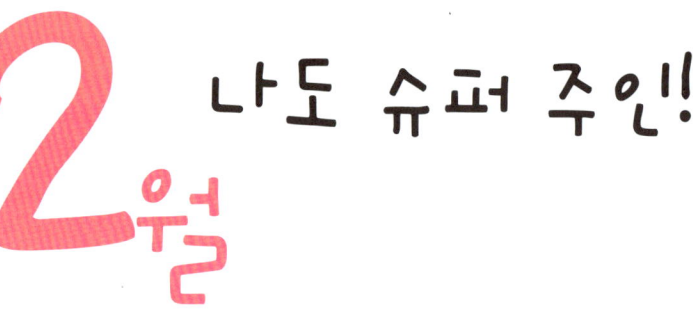 나도 슈퍼 주인!

수와 연산 영역의 곱셈 기호의 도입

음료수를 아주 많이 샀는데도 계산대에서 계산을 빨리 하네요.
700+ 700+ 700+ 700+ 700+ 700+ 700+ 700+ …….
이렇게 많은데 어떻게 빨리 계산을 할 수 있을까요?

나도 슈퍼 주인!

외삼촌 댁에 갔다. 지난번 봤을 때보다 데굴이가 더 커진 것 같다.
놀이터에서 데굴이 훈련도 시켰다. 데굴이를 집에 데려가서
키웠으면 좋겠다. 외삼촌 가게에 영수증 만드는 기계는 신기하다.
덧셈, 곱셈 계산이 다 되어서 영수증까지 만들어져서 나온다.
나도 해 보고 싶어서 외삼촌을 졸랐다. 한 번 해 봤는데
참 재미있었다. 손님한테 거스름돈도 드렸다. 그런데 음료수
3개를 곱셈으로 계산했다. 값이 같은 것만 곱셈으로
해야 하는데, 값이 다른 것을 곱셈으로 계산해서
거스름돈을 잘못 내드렸다.
손님이 다시 오셔서
화를 내셨다.
외삼촌한테 미안했지만
되게 재미있었다.

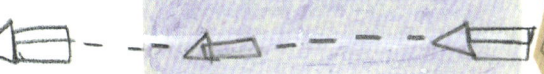

"외삼촌!"

"어이구, 아람이 왔구나. 뭐 먹을래?"

"아니에요. 배불러요."

외삼촌은 의정부에서 24시간 여는 작은 편의점을 하고 계십니다. 아람이는 외삼촌 댁에 가는 것을 매우 좋아합니다. 외삼촌이 하시는 가게 뒤쪽에는 외삼촌과 외숙모가 사시는 집이 있습니다. 집에는 마당이 있고, 개가 있습니다. 외삼촌은 똥개라고 하지만 아람이는 개한테 '데굴이'라는 이름까지 지어 주었습니다. 처음 데굴이를 봤을 때 몸을 데굴데굴 바닥에 굴리는 모습이 참 신기했거든요.

아람이는 외삼촌께 인사를 하자마자 데굴이를 보러 들어갑니다.

"데굴아!"

"월-월-월-월!"

데굴이는 꼬리를 흔들면서 앞발을 들고 이리저리 뛰며 반가워합니다.

"우리 놀자!"

아람이는 데굴이 목줄을 풀어 줍니다. 그러자 데굴이가 아람이 몸까지 뛰어오르기도 하고, 아람이 발을 핥기도 합니다.

"그래, 그래, 알았어. 나가자."

아람이는 데굴이를 데리고 밖으로 나갑니다. 데굴이는 아람이를 앞서서 저만큼 뛰어갑니다.

"데굴아, 같이 가. 이리 와. 에이, 난 딴 데로 간다~."

아람이가 일부러 다른 길로 가자, 저 만큼 가 있던 데굴이는 쏜살같이 아람이 곁으로 다시 뛰어옵니다. 그러다 다시 아람이를 앞질러서 뛰어갑니다.

데굴이는 벽, 전봇대, 길바닥 가리지 않고 한 발을 들고 오줌을 눕니다. 데굴이는 놀이터까지 갔다가 아람이와 헤어져도 집을 잃어버리는 적이 없습니다. 자기가 눈 오줌 냄새를 맡으며 집으로 돌아오나 봅니다.

아람이는 데굴이와 놀이터에서 달리기도 하고, 그네도 타고, 데굴이에게 물건을 가져오는 훈련도 시켰습니다.

데굴이와 놀다가 외삼촌 댁에 돌아오니 엄마는 벌써 집에 가시고 없습니다.

"아람아, 노는 게 그렇게 좋으냐? 엄마 가시는 것도 보지 못할 만큼."

"외삼촌, 데굴이랑 노는 게 정말 재미있어요."

외삼촌은 마침 손님이 물건을 골라와서 계산을 하려고 합니

다. 계산대에서 손님들이 가져온 물건 값을 계산하고 돈을 받기도 하고, 거스름돈을 내주는 것은 참 재미있어 보입니다.

값을 계산하는 기계는 컴퓨터처럼 생겼습니다. 물건을 대기만 해도 물건값이 찍히고 값이 얼마인지 계산이 돼서 영수증으로 찍혀 나왔습니다. 정말 신기한 계산기입니다.

아람이는 손님이 들어올 때마다 열심히 쳐다봅니다. 외삼촌이 계산하는 것도 열심히 쳐다봅니다. 한참 쳐다보던 아람이가 고개를 갸우뚱합니다.

'어? 이상하다. 왜 3개를 샀는데 한 번만 찍으시지? 계산이 잘못될 텐데……. 외삼촌이 계산을 잘못해서 돈을 적게 받으시면 어쩌지? 어? 또 참치 통조림이 3개인데 한 번만 찍으셨네. 큰일났다! 또야, 또! 이번에는 초콜릿 과자를 4봉지 샀는데 한 번만 찍으셨어.'

아람이는 더 이상 두고 볼 수 없어 소리칩니다.

"외삼촌, 계산을 잘못하셨어요."

"뭐? 계산이 틀렸다고? 어디? 죄송합니다. 영수증을 다시 보여 주시겠어요?"

외삼촌은 손님의 영수증을 찬찬히 살펴보십니다. 하지만 아무리 봐도 틀린 곳은 없습니다.

"응? 맞는데? 아람아, 무슨 계산이 틀렸다는 거냐?"

"초콜릿 과자가 4봉지인데 한 번만 찍으셨어요. 4번 찍어야지요."

"하하하하……. 아람이가 아주 똑똑하구나. 자, 외삼촌이 설

명해 줄게. 초콜릿 과자가 한 봉지에 600원씩 4봉지니까 600+600+600+600=2400원이라고 해야 할 것 같지?"
"네."

"그래. 하지만 600원짜리 과자 4봉지를 600씩 4번 더하는 대신, 간단하게 한 봉지만 찍고 곱하기로 계산할 수 있단다. 여기에 곱하기 표시는 없지만 600×4=2400원이라고 계산을 하는 거야. 이렇게 하면 훨씬 간단하고 편리하지. 같은 것을 여러 번 더할 필요없이 간단하게 계산이 되니까. 컴퓨터가 알아서 곱셈을 하는 거란다. 그러니까 과자가 4봉지라도 한 번만 찍고 곱하기 4를 하면 되는 거지."
"아, 그렇구나!"
이제 아람이는 마음 속으로 곱하기를 만들어 봅니다.

건전지 2개니까 × 2
음료수 3개니까 × 3
김밥이 2개니까 × 2

"삼촌, 딱 한 번만 제가 계산해 볼게요."
"그래, 딱 한번만이다. 물건을 살짝 대면 삑 소리가 나는데 그러면 계산이 되는 거야. 곱하기를 할 때는 여기 ×를 누르고 3

이라고 찍으면 된다."

"알았어요. 이제 알아요."

아람이는 음료수, 빵, 과자, 사탕을 골라온 손님의 물건 값을 계산했습니다.

음료수 3개, 빵 2봉지, 과자 2봉지, 사탕 1개. 계산서에 나와 있는 대로 거스름돈도 내주었습니다. 재미있는 계산을 더 하고 싶었지만 외삼촌이 허락하지 않으셨습니다.

그런데 금방 아람이가 계산해 드린 손님이 나갔다가 다시 들어오셨습니다.

"계산을 잘못하셨어요. 에이, 아이를 시키더니."

"네? 죄송합니다. 다시 하겠습니다."

외삼촌은 다시 계산을 하더니 거스름돈 200원을 손님에게 내어 드렸습니다.

"어? 잘 했는데……."

"아람아, 곱하기를 할 때는 같은 값이 여러 개 있을 때 해야지. 음료수 값이 500원, 600원, 500원짜리인데 네가 같은 음료수라고 600×3을 했잖아. 그래서 200원이 더 나온 거란다. 곱하기는 값이 같은 물건이 여러 개일 때 하는 거야."

"죄송해요……."

"자, 아르바이트하는 형이 왔으니 이제 들어가서 씻고 저녁을 먹자."

집으로 들어가니 데굴이가 끽끽거리며 줄을 풀어 달라고 합니다. 아람이는 데굴이 목을 쓰다듬으며 말합니다.

"데굴아, 곱셈은 같은 수를 여러 개 더할 때 편리하게 하는 계산이야. 값이 다를 때는 곱하기로 하면 안 돼. 따라해 봐, 곱하기 곱하기 곱하기."

"아람아, 너 데굴이한테 뭘 가르치냐?"

외삼촌이 아람이에게 묻습니다.

"아, 아, 아니에요."

아람이가 쏜살같이 집 안으로 들어가자, 데굴이가 월월월 다시 짖습니다.

"알았어, 데굴아. 저녁 먹고 또 놀자."

1월 사랑한다, 아람아

문자와 식 영역의 재미있는 문제들

동생이 태어나면 나이를 계산해 보세요. 내가 중학생이 되면 동생은 몇 살인지 생각해 보세요. 동생이 태어나려면 며칠이 남았는지도 계산해 보세요.

사랑한다, 아람아

엄마가 아기를 가지셨다. 7달이 있으면 나도 동생이 생긴다. 7달인데 계산하면 날짜로는 212일이다. 2월 24일까지는 1월이 큰 달이니까 31일, 3월 24일까지는 2월이 작은 달이니까 29일, 4월 24일까지는 31일, 5월 24일까지는 30일, 6월 24일까지는 31일, 7월 24일까지는 30일, 8월 24일까지는 31일이다. 내가 중학생이 되면 내 동생은 6살이 된다. 내가 대학생이 되면 내 동생은 5학년이 된다. 나는 태어날 아기가 귀여운 여자 동생이면 좋겠다. 동생이 크면 심부름도 시키고, 놀아 주기도 하고, 비오면 우산도 가져다 주고, 맛있는 것도 사 줄 거다.

"**삐리리리리** 삐리리리리 삐리리리리~"

"여보세요. 네, 엄마. 아니에요, 아픈 것은 아니고요. 실은 아람이 동생을 가졌어요. 힘들지 않아요. 두 번째 아이라서 입덧도 아람이 때보다 덜해요."

엄마가 아기를 가지셨습니다. 이제 7달이 지나면 아람이는 동

생이 생깁니다. 아람이는 친구들이 동생과 놀이터에 나왔을 때 부러워했던 것이 생각납니다. 귀여운 여자 동생이 좋을지 같이 놀 남자 동생이 좋을지 생각을 해 봅니다.

엄마는 아기를 가지신 다음에 몸이 많이 힘드신가 봅니다. 회사에 가지 못하는 날도 있습니다. 회사에 다녀온 날은 곧바로 이불을 펴고 주무십니다. 음식을 잘 드시지도 못합니다. 드신 음식을 모두 게워 내곤 합니다. 그럴 때는 아람이가 옆에 있는 것도 귀찮아하십니다.

아람이는 아빠가 끓여 주는 라면이나 엄마 드리려고 아빠가 사 오신 것을 먹습니다. 엄마는 예전처럼 아람이 준비물을 챙겨 주시지 못합니다. 아람이가 숙제를 제대로 했는지도 살펴 주시지 못합니다. 아람이는 엄마가 참견하지 않으니까 준비물도, 숙제도 대강대강해서 학교에 갑니다. 놀 시간이 더 많고 숙제 안 해도 되니까 아람이는 매일매일 신이 납니다.

일요일입니다. 집 안은 조용합니다. 엄마는 주무시고 아빠는 회사에 급한 볼일이 있어 나가셨습니다. 아람이는 엄마가 몸이 불편하시니까 수학 숙제를 혼자 하기로 합니다.

열심히 숙제를 하던 아람이가 고개를 갸우뚱거립니다.

'음… 10문제를 내면 한 문제에 몇 점씩이지? 10문제에 100점이니까 10, 20, 30, 40, 50, 60, 70, 80, 90, 100. 하나에 10점씩이구나! 다 맞으면 100점, 1개 틀리면 90점, 2개 틀리면 80점, 다 틀리면 0점, 그러면 20문제를 내면 한 문제에 몇 점씩이지? 음… 10문제일 때 10점이니까 20문제면 한 문제에 5점인가? 5, 10, 15, 20, 25, … 90, 95, 100. 맞다. 한 문제에 5점이구나.

아람이는 문득 이런 생각을 해 봅니다.

'나도 선생님 될까? 점수 매겨서 아이들 나누어 주면 재미있겠다. 빵 점 받는 아이들은 손바닥을 때리지 말고, 남아서 공부하고 가라고 해야지. 싫다고 막 우는 아이들도 있을걸. 히히히히……."

아람이는 혼자 히죽거리며 웃습니다.

'뭐, 또 재미있는 계산이 없을까? 맞다! 햄스터 식구를 계산해 봐야지!'

아람이는 종이에 열심히 계산을 하고 수를 쓰기 시작합니다.

7, 12, 17, 22, 27, 32,

"야, 그게 뭐냐?"

"응? 야, 깜짝 놀랐잖아. 너 스터, 뭐긴 뭐야. 니네 식구 수 계산한 거지."

"우리 식구가 무슨 7, 12, 17, 22, 27, 32냐?"

"으이구, 바보! 니네는 지금 7 식구지? 두 달 있다 5마리를 낳으면 12 식구가 되잖아. 그리고 또 두 달 뒤에 5마리를 낳으면

17 식구가 되잖아. 또 두 달 뒤에 5마리를 낳으면 22 식구고……. 이러다가 열 달이 지나면 32 식구가 되는 거야."

"그러네. 아이고, 32 식구면 우리는 집이 좁아서 못 살아."

"집을 많이 사면 되지 뭐. 그런데 니네 식구 수를 쓰고 보니까 일의 자리 수가 7, 2, 7, 2, 7, 2 반복된다. 그치?"

"나도 알아. 5마리씩 늘어나니까 두 번 지나면 10이 늘어나는 거잖아. 내가 아기를 계속 낳으면 1년 뒤에는 네 방이 온통 햄스터로 가득할걸."

"정말? 계산해 볼까?"

아람이는 또 종이에 긁적긁적 쓰면서 열심히 계산을 합니다.

"계산해 봤더니 아니야. 1년은 열두 달이니까 두 달에 5마리씩 늘어나도 6×5를 하면 30이고 거기에 7을 더하면 6×5+7=37이니까 37식구밖에 안 되는걸. 내 방이 얼마나 넓은데 겨우 햄스터 37마리로 꽉 차겠냐?"

"피… 우리는 제자리에 가만히 있지 않는다는 것을 아셔야지. 침대갉기, 책상갉기, 의자갉기, 돌아다니기, 숨기, 올라타기, 기어오르기가 우리 특기라고."

아람이는 햄스터 37마리가 돌아다니면서 책상이며 의자, 책,

심지어 천장까지 갉아먹는 상상을 해 보니, 정말 큰일이라는 생각이 듭니다. 1년이 지나서 햄스터 식구들이 엄청 늘어나기 전에 대책을 세워야겠다는 생각도 해 봅니다.

"아람아, 우리 네 동생이 태어날 날도 계산해 보자."

"그래 좋아. 아기가 태어나려면 7달이 있어야 한다니까 계산하기 쉬워. 오늘이 1월 24일이니까 7달 뒤면 8월 24일 태어나는 거야. 어때? 잘 하지?"

"그럼 날 수로 몇 일인지 계산해 봐."

네 동생이 태어날 날도 계산해 보자!

"문제 없어. 2월 24일까지는 1월이 큰 달이니까 31일, 3월 24일까지는 2월이 작은 달이니까 29일, 4월 24일까지는 31일, 5월 24일까지는 30일, 6월 24일까지는 31일, 7월 24일까지는 30일, 8월 24일까지는 31일이니까 모두 합하면 212일 남았어."

"아람이 정말 수학 박사 맞다. 내가 졌다."

"그리고 내가 9살이고 내 동생이 1살이니까 8살 차이가

나는 거야. 내가 대학생이 되면 동생이 몇 살이 되는지 아니?"

"음… 12살이 되네. 5학년이야. 야, 네 동생은 좋겠다. 형님이 아주 크니까."

"형님인지 오빠인지 어떻게 아냐?"

"그런데 너 네 동생이 여자면 좋겠니, 남자면 좋겠니?"

"글쎄, 귀여운 여자 아이면 좋겠어. 하지만 남자 아이라고 해도 같이 축구할 수 있으니까 좋을 것 같아."

"우리 주사위 던져서 맞혀 볼까?"

"어떻게?"

"주사위 던져서 짝수가 나오면 여자 아이고, 홀수가 나오면 남자 아이라고 하는 거야."

"2, 4, 6이면 여자 아이고, 1, 3, 5면 남자 아이란 말이지? 반반이네. 그래, 좋아. 내가 먼저 던진다. 얍! 와, 4 나왔다. 여자

주사위를 던져볼까?

아이다."

"좋겠다. 여자 동생이네!"

그 때 갑자기 엄마가 아람이를 부르시는 소리가 들립니다.

"아람아! 배고프지? 밥 줄까?"

"스터야, 엄마야. 말하지 마. 알았지? 쉿!"

아람이는 벌떡 일어나서 나갑니다. 입에는 엎드려서 자다가 흘린 침 자국이 그대로 남아 있습니다.

엄마는 주방에서 설거지를 하고 계십니다.

"엄마, 이제 괜찮으세요?"

"그래, 엄마도 배가 고파서 무엇이든 먹어야겠다. 같이 점심 먹자."

"네, 엄마. 빨리 212일이 지났으면 좋겠어요."

"212일? 왜?"

"동생이 나오려면 212일 남았어요. 제가 계산해 봤는데요, 7달을 큰 달 작은 달 계산해서 더했어요."

"그래? 계산까지 해 봤어? 대단한데, 우리 아람이. 아람이가 동생을 그렇게 기다리니까 엄마도 밥도 잘 먹고 건강한 아기를 낳아야겠네. 고마워."

엄마는 아람이를 꼭 껴안아 주며 웃으십니다. 엄마 품에 안긴 아람이 배에서 갑자기 꼬르륵 소리가 납니다. 그 소리에 엄마가 아람이를 바라보며 활짝 웃었습니다.

2월 겨울에 즐기는 수학 놀이

놀면서 계산 척척, 구구단도 외웠네

어떤 수를 뽑아야 칸을 메울 수가 있을까요? 더해야 할까? 빼야 할까? 머리 쓰며 하는 계산이 지루하지 않아요. 엄마와 놀면서 구구단을 외웠는데, 옆에 있던 동생이 수 카드 뽑아 주다가 구구단을 외웠대요. 놀다 보니 저절로 숫자와 친해졌나 봐요.

겨울에 즐기는 수학 놀이

내가 더 많이

● **준비물** 놀이판, 수 카드 1에서 9까지 2세트

❶ 가위바위보를 해서 이긴 사람이 수 카드 두 장을 뽑는다. 두 수를 곱해서 놀이판에 별, 동그라미, 세모, 네모 등 자기 표시를 한다.

❷ 두 번째 사람도 마찬가지로 수 카드 두 장을 뽑아서 두 수를 곱한 다음 놀이판에 자기 표시를 한다. 상대방과 다른 표시를 한다.

❸ 차례로 수 카드 두 장을 뽑아서 곱해서 나온 수에 자기만의 표시를 한다. 자기가 구한 수가 이미 표시되어 있으면 표시할 수 없다.

❹ 놀이판에 표시가 어느 정도 됐으면, 놀이를 끝낸다. 표시가 많이 되어 있는 사람이 이긴다.

<놀이판>

2	3	4	5	6	7	8	9
4	6	8	10	12	14	16	18
6	9	12	15	18	21	24	27
8	12	16	20	24	28	32	36
10	15	20	25	30	35	40	45
12	18	24	30	36	42	48	54
14	21	28	35	42	49	56	63
16	24	32	40	48	56	64	72
18	27	36	45	54	63	72	81

더해서 20을 만들자

● **준비물** 수 카드 0에서 9까지 3세트, 놀이판

❶ 두 사람이 수 카드를 3장씩 가지고 가서 상대방에게 보이지 않고 자기만 보이게 한다.

❷ 가위바위보를 해서 이긴 사람이 쌓아놓은 수 카드 위에서 먼저 한 장을 가져온다.

❸ 4장 수 카드 중에서 한 장을 놀이판 아무 곳에나 놓는다.

❹ 상대방도 쌓아놓은 수 카드 위에서 한 장을 가져온다. 4장 수 카드 중에서 한 장을 놀이판 아무 곳에나 놓는다.

❺ 차례로 아무 곳에나 자기가 놓고 싶은 곳에 놓다가 한 줄에 놓인 수 카드 4장을 더해서 20이 되는 순간 '20'이라고 외치며 그 한 줄을 모두 가져간다.

❻ 0은 마지막 네 번째 사용할 수 있는데 어느 숫자로도 사용할 수 있다. 예를 들어 2, 9, 7이 한 줄에 있었다면 2를 놓으며 수 카드를 4장 가져갈 수도 있지만, 0을 놓으며 가져가도 좋다.

❼ 엎어진 수 카드를 모두 쓰고 나면 놀이가 끝난다. 각자 가져간 수 카드 개수를 세어 더 많이 가져간 사람이 이긴다.

✖ 두 사람이 하는 놀이이다. 놀이판을 세 줄로 하여 10을 만들어 가져가기를 해도 된다.

〈놀이판〉

놀이판을 세 줄로도 할 수 있어.

그렇구나!

더해도 좋아, 빼도 좋아

● 준비물 놀이판, 수 카드 0에서 15까지 2세트

❶ 가위바위보를 해서 이긴 사람이 수 카드 두 장을 뽑아서 두 수를 더하거나 빼서 놀이판에 자기만의 표시를 한다.

❷ 마찬가지로 두 번째 사람이 수 카드 두 장을 뽑아서 두 수를 더하거나 빼서 놀이판에 자기 표시를 한다. 상대방과 다른 표시를 한다.

❸ 차례로 수 카드 두 장을 뽑아서 자기만의 표시를 한다. 자기가 구한 수가 이미 표시되어 있으면 표시할 수 없다.

❹ 놀이판 수가 더 이상 표시할 수 없으면 놀이를 끝내고 표시가 더 많은 사람이 이긴다.

〈더해도 좋아, 빼도 좋아 놀이판〉

0	1	2	3	4	5	6	7	8	9
10	11	12	13	14	15	16	17	18	19
20	21	22	23	24	25	26	27	28	29
30									

내 표시가 더 많아! 내가 이겼지?

그래, 내가 졌어.